마음을 담아

마음을 담아

초판 1쇄 인쇄 2023년 02월 25일
초판 1쇄 발행 2023년 03월 05일

신고번호 제313-2010-376호
등록번호 105-91-58839

지은이 우리

발행처 보민출판사
발행인 김국환
기획 김선희
편집 박영수
디자인 김민정

ISBN 979-11-6957-018-3   03800

주소 경기도 고양시 일산동구 연리지로 51, 라몬테이탈리아노 411호
전화 070-8615-7449
사이트 www.bominbook.com

- 가격은 뒤표지에 있으며, 파본은 구입하신 서점에서 교환해드립니다.
- 이 책은 저작권법에 의하여 보호를 받는 저작물이므로 무단 전재와 복사를 금합니다.

아이디어 톡톡

마음을 담아

우리 시집

우리가 살아감에 있어 짧든 길든 지나온 인생을 돌아보면
그래도 의미 있었던 순간에는 늘 사랑이 있었다.

들어가며 ✍

저는 오늘도 책상 앞에 앉아 저만의 작업실에서 멋진 작업을 하기를 꿈꿉니다. 멋진 글, 멋진 사진을 통해 보는 이가 힐링을 얻기를 원하죠.

글을 쓰는 일이 힘든 길임을 압니다. 누군가의 비판을 받을 수도 있고, 좋은 소리만 들을 수는 없겠지만요.

우리나라 여느 사람들처럼 교육을 많이 받아왔고, 혼자만의 시간을 통해 스터디를 해왔고, 그러한 과정이 있는데 평범한 사람으로 남고 싶지 않았습니다.

비록 잘 쓰지 못했더라도 제가 열심히 쓴 결과물을 공개하니 함께 보며 힐링이 되었으면 좋겠고, 공감했으면 합니다.

- 2023년 2월

시인 **우리**

목차

들어가며 • 4

제1부. 나만의 시선을 담다

| 시선-001 | 누군가를 외롭지 않게 해주나, 외로워 보이는 가로등이 말한다. "난 외롭지 않아." • 12
| 시선-002 | 버려진 새우가 나에게 말을 하는 듯했어요. • 13
| 시선-003 | 내 곁엔 항상 물 : 매일 만나는 '물'을 주제로 글을 썼어요. • 14
| 시선-004 | 담배꽁초가 하고 싶은 말 : 내 처지가 슬프다. • 15
| 시선-005 | 주전자의 '지글지글' 소리가 사라지니 무언가가 떠오르네요. • 16
| 시선-006 | 인재가 창의적으로 성장하려면 • 16
| 시선-007 | '생활 속 동선 최소화' 연구의 소박한 성과를 전해드려요. • 17
| 시선-008 | 블로그 속에 '김치'와 '쌀밥' • 18

제2부. 신에 대한 짧은 글

| 신께-001 | 절망하지 말고 쉬자. • 22
| 신께-002 | 신이시여, 한 번만 도와주세요. • 22
| 신께-003 | 나도 날개가 있으면 좋겠어요. • 23
| 신께-004 | 기도하는 이유는 • 23
| 신께-005 | 매일 기도하며 • 23
| 신께-006 | 신이 나를 • 24

제3부. 마음을 담은 이야기 (1)

| 마음-001 | 나보다 뛰어난 사람은 많지만 • 27
| 마음-002 | 꿈 일기 • 27
| 마음-003 | 어떤 세계를 만날까 • 28
| 마음-004 | 국물이 맛있어요. • 29
| 마음-005 | 콤플렉스가 있지만 • 30

마음-006 그래도 괜찮다. • 31
마음-007 알고 보면 괜찮은 애들 • 31
마음-008 버스가 있어 좋아요. • 32
마음-009 오랜만에 달려보다. • 34
마음-010 다음 사람을 위한 마음 • 35
마음-011 그런 자신감, 당당함, 뻔뻔함 • 36
마음-012 마음을 따뜻하게 감싸주는 벗 • 37
마음-013 양보하는 대인 • 38
마음-014 궂은일 • 39
마음-015 자존감을 다치지 않게 해주세요. • 40
마음-016 물질이 짐이 되기도 하다. • 41
마음-017 실패해도 괜찮습니다. • 42
마음-018 명확해신 나의 꿈 • 43
마음-019 소중히 여기겠습니다. • 44
마음-020 공감했어요. 재미있게 잘 들었어요. • 46
마음-021 나를 위로하다 떠오른 생각 • 47
마음-022 자책하는 마음 덜 가지고 • 49
마음-023 혼자 낑낑대며 알아가다가 • 50
마음-024 개그 욕심 • 51
마음-025 오타는 재밌어. • 52
마음-026 좋은 기억도 있으니까 • 53
마음-027 언제 완벽한 적이 있었던가요. • 54
마음-028 나도 아이콘 • 54
마음-029 고생 안 하고, 힘든 것을 모르고 • 55
마음-030 나를 살려주어서 고맙습니다. • 56
마음-031 이래저래 자야 하지만 • 59
마음-032 안 될 것 뻔히 알아도 • 60
마음-033 난 오늘도 도전! • 60
마음-034 이것만큼은 자신할 수 있어요. • 62
마음-035 아쉬워하느라 • 63
마음-036 의미 있는 일을 하는 특별한 존재 • 63
마음-037 나 같은 사람을 향한 글을 찾아서 • 64
마음-038 오늘 파리를 만나다. • 66
마음-039 내 마음에 쏙 드는 직원은? • 67

| 마음-040 | 이건 규정이 아니니까 · 69
| 마음-041 | 더 드리고 싶어요. · 69
| 마음-042 | 바라는 사람 · 70
| 마음-043 | 우린 다 아프니까요. · 70
| 마음-044 | 다음이 있다는 것 · 71
| 마음-045 | 괜히 했다고 싶어질 때 · 72
| 마음-046 | 어른이 지금도 꽤 좋습니다. · 74
| 마음-047 | 오늘은 사고쳤어요. · 76
| 마음-048 | 더 정확하고, 빠른 판단력을 가지고 싶어요. · 77
| 마음-049 | 다독에서 다상량으로 · 78
| 마음-050 | 어떻게 바라보느냐에 따라 · 80
| 마음-051 | 잠은 소중하지만 · 81
| 마음-052 | 마시멜로를 참고 있어요. · 82
| 마음-053 | 우렁각시가 있다. · 85
| 마음-054 | 점점 나아지도록 · 87
| 마음-055 | 글의 효과 · 89
| 마음-056 | 여기 가만히 있어. · 90
| 마음-057 | 어른이 되며 달라진 점 · 91
| 마음-058 | 힘들 때는 폭풍 작업을 · 93
| 마음-059 | 궁금한 것이 많기에 · 94
| 마음-060 | 스마트폰 밥 주는 것은 힘들어요. · 95
| 마음-061 | 부탁을 많이 받는다는 것 · 97
| 마음-062 | 오늘도 사고쳤어요. · 99
| 마음-063 | 좋은 경험이 될 것 같았기에 · 101
| 마음-064 | 내 기획의 힘은 호기심과 사랑 · 102
| 마음-065 | 삶이 유한하기에 오늘도 열심히 · 106
| 마음-066 | 알고 보면 행복한 애들 : 쓰레기를 치우면서 · 108
| 마음-067 | 미인이 개그맨에게 반한 이유를 생각하다. · 109
| 마음-068 | 일을 잘하는 비결은 뭘까? · 112
| 마음-069 | 그래도 내 길을 가야겠지요. · 112
| 마음-070 | 마음이 이끄는 대로 · 115
| 마음-071 | 마음을 끄는 능력이 있는 사람 · 116
| 마음-072 | 하루가 24시간보다 길다면 · 117
| 마음-073 | 일 시키는 것을 안 좋아해서 · 117

마음-074 자랑한 것 같아서요. • 119
마음-075 선수로서 그라운드를 누비며 • 120
마음-076 이 세상에 내려온 이유가 있을까? • 121
마음-077 내가 나에게 하고 싶었던 말 • 122
마음-078 하늘이 감동할 날이 올까요. • 123
마음-079 가능성의 문은 열리고 있어요. • 123
마음-080 함께 나아갈 힘을 주는 달 • 125
마음-081 "보고 싶어요."라는 말 속에는 • 125
마음-082 적지 않으면 날아가 버려요. • 126
마음-083 가치가 덜한 글, 가치가 적은 삶이라 말하지 마요. • 127
마음-084 찰나의 행복과 오래 갈 고마운 마음 사이에서 • 128
마음-085 몇 초 기다려줄 여유가 있을 텐데요. • 128
마음-086 기대하는 마음을 가질 수 있다는 것만으로도 좋습니다. • 129
마음-087 식사 시간도 잊은 열정적인 그대 • 130
마음-088 난 이루었습니다. • 131
마음-089 다양한 이야기를 앞으로도 블로그에 써볼게요. • 134
마음-090 처음으로 잠을 안 자고 일해보았어요. • 135
마음-091 부족한 점이 있는 인간이기에 • 136
마음-092 나에게 꿈이란? • 136
마음-093 비슷한 실수를 하기도 하지만 • 137
마음-094 0% • 137
마음-095 내가 안 된 이유를 알려주세요. • 138
마음-096 불타는 금요일에는 열정의 불꽃이 튀길 • 140
마음-097 알고 보면 당신을 생각해서 한 일이었어요. • 140
마음-098 사람을 알아보고 사랑하려고요. • 142
마음-099 글쓰기에 대하여 : 목표지점까지 갈 길이 멀구나. • 143
마음-100 앞으로의 글쓰기 다짐 : 사랑하는 마음으로 글을 쓸게요. • 146
마음-101 글을 많이 쓴 건 마음이 힘들어서였어요. • 148
마음-102 이 사람도 나와 같구나. • 150
마음-103 착한 마음아, 돌아와라. • 151
마음-104 나를 지지해주는 내 편이자, 내 팬(fan) • 152
마음-105 내 마음을 감동시킬 한마디 • 153
마음-106 펜(pen)의 가치를 알고 있기에 드릴 수 있었습니다. • 154
마음-107 좋았던 기억보다 아팠던 기억이 더 오래 남네요. • 156

마음-108 글을 쓰며 고민하는 것 : 이걸 말해도 될까, 말하면 어느 정도까지 말해야 하는지? • 157
마음-109 세상이 더 행복해지는 방법은? 사람을 사랑하기 • 159
마음-110 하나만큼은 뛰어나게, 제대로 잘하고 싶었어요. • 160
마음-111 1명이라도 웃어주면 됩니다. • 162
마음-112 천사 같은 아기를 보며 다짐하다. • 164
마음-113 의욕 충만은 잠시 • 165
마음-114 당신이 진짜 잘 되었으면 좋겠다. • 165
마음-115 뻔하지 않은 '다름'을 이야기하고 싶어요. • 167
마음-116 도전의식이 꿈틀꿈틀. 내 안에 도전의식이 있다. • 168
마음-117 한없이 주고 싶은 사랑하는 이가 있기에 • 169
마음-118 유명인, 교수 등에게 메일을 보내보면서 • 170
마음-119 나도 꽤 가치 있는 사람인데 • 172
마음-120 남다르게 열심히 하는 사람을 보면 • 173
마음-121 나와 같은 생각을 하고 있구나. 나만 그런 거 아니구나. • 174
마음-122 화낸 사람의 모습은 오래 남아요. • 175
마음-123 당연한 것이라고 말하면 가치를 덜 생각하게 되네요. • 175
마음-124 '이번 한 번만' 했던 내 간절한 바람은 • 177
마음-125 나를 위해 하는 일보다 남을 위해 하는 일이 더 어렵네요. • 179
마음-126 누군가가 어떠냐고 물을 때, '착하다'라고 말하면 특징이 없는 것이라 하더군요. • 180
마음-127 꿈을 이룬 뒤보다 더 행복한 순간은? • 181
마음-128 좋은 일 하면 복(福)을 받는다고 하는데, 그 복이 언제 올까요? • 182
마음-129 행복은 소수만 누린다는 생각이 들었지요. 내가 생각한 모두가 행복하게 사는 길은? • 183
마음-130 널 위한 시간은 언제든 비워둘 수 있어. • 184
마음-131 음료수 하나만으로도 콩콩 뛰는 어린이처럼 • 185
마음-132 '조금만 더' 하면서 나아가면 아쉬운 마음이 '조금은 덜' 듭니다. • 186
마음-133 나도, 쇼핑몰도 미안한 상황에는 진심이 담긴 말에 무언가도 주고 싶어요. • 187
마음-134 사람이 이기적으로 행동하게 된 이유 • 189
마음-135 "방법은 이것이 유일합니다."라고 말한다면? • 189
마음-136 세상일은 노력만으로 이룰 수는 없지만 • 190
마음-137 꿈은 소중하니까 : 매일 김치로 밥을 먹더라도 괜찮으니 • 191
마음-138 상처가 있는 사람은 같은 상처를 누군가에게 주고 싶지 않아요. • 192
마음-139 노력해도 성과 없던 날도 많았다만 • 193

제4부. 마음을 담은 이야기 (2)

- 이야기-001 나만의 꿈을 꾸라고 했던 '신화'와 'H.O.T'의 음악 • 195
- 이야기-002 친구는 경쟁자가 아닌 협력자 • 197
- 이야기-003 주인의식을 가진 직원이 많아지길 바라며 • 199
- 이야기-004 참 좋은 두 글자를 생각해보았어요. 이 말을 삶의 지침으로 삼아 살아간다면 좋겠어요. • 201
- 이야기-005 여러분의 기도를 들어주실 겁니다. • 203
- 이야기-006 마음을 가다듬고 살펴보면 다른 길도 있어요. • 204
- 이야기-007 미래를 위해 준비하는 개미 • 206
- 이야기-008 돌잡이 상에서 돈을 잡아야 할까? • 208
- 이야기-009 돌잡이 상에 관련된 글을 쓰고 난 뒤 • 210
- 이야기-010 사람이 지니지 않은 날개가 있으니 • 214
- 이야기-011 내가 생각하는 좋은 사람은 이렇습니다. • 218

마무리하며 • 221

제1부
나만의 시선을 담다

시선-001

누군가를 외롭지 않게 해주나,
외로워 보이는 가로등이 말하다. "난 외롭지 않아."

매우 큰 키, 마른 몸, 말이 없는.
늘 그 자리를 지키며 밝은 빛을 발사하는.

나의 로등이. 가로등.

누군기기 외롭지 않게, 어둡지 않게 환하게 공간을 밝혀주며
자신은 정작 외로운 가로등.

가로등이 이렇게 말하네요.
"난 누군가에게 도움을 주고 있으니 외롭지 않아. 조금만 더 가면 내 친구가 나처럼 서 있어.
이것이 내 일인데."

가로등아~
누나가 고마웡~! (누나 소리가 듣고 싶어서 넣어 봤습니다.)

시선-002
버려진 새우가 나에게 말을 하는 듯했어요.

저는 음식을 남기지 않으려고 해요. 음식 버리는 것을 안 좋아하지요.
많은 사람이 그럴 거라 생각되는데요. 주부 정신이라고 할 수 있나요.
^^;;

누군가 먹지 않아 버려진 새우를 보니 문득 이런 생각이 떠올랐어요.
새우가 이렇게 말을 하는 것처럼 느껴졌어요.

'이렇게 버려질 거 나 살게 해주지.'

새우가 사람에게 잡혀 생명을 잃고, 사람의 식탁 위에 올라왔는데
결국 사람이 새우를 먹지 않고, 쓰레기통으로 갑니다.

새우에게 사람 입에 안 들어가도
다른 동물이 너를 먹고 힘을 낸다든가,
비료가 되어 유용하게 쓰일 것이라 위로해도
마음을 풀지 않는 듯한 모습이 떠오르네요.
새우의 검은 눈이 그렇게 말하는 듯해요.

가축(돼지, 소, 닭 등), 생선 요리를 먹을 때는
가끔 그들의 희생에 대해 생각하고,
식탁 위에 오른 요리를 되도록 버리지 않고 잘 먹었으면 좋겠네요.
채소도 생명이 있다는 걸 잊지 않고요.

시선-003

내 곁엔 항상 물 :
매일 만나는 '물'을 주제로 글을 썼어요.

오늘도 사람들은 '물'을 마십니다.
나는 '물'을 기본, BASIC의 대명사로 여깁니다.
무색무취인 물은 개성이 없어 보인다고 느끼는 이도 있을 것입니다.

물은 포용력이 있습니다.
과일이든, 채소든, 어떤 것이든 받아들여서
그들이 개성을 발휘할 수 있도록 도와줍니다.
새로 들어온 친구들이 활약할 때, 물은 조용히 도와줍니다.
서포터즈의 역할을 충실히 해나갑니다.

다 받아주는, 다 감싸주는, 다 이해해주는
엄마 같은, 아빠 같은, 부모님 같은 존재가 물입니다.
선거에 나가 유세를 하는 후보자는 아니어도
그들을 묵묵히 도와주는, 빛내주는 아이가 물입니다.

자극적이고, 맛있는 음료수, 달콤한 커피도 좋지만,
물을 찾는 이가 더 많습니다.
매일 음료수를 마시지 않아도 물은 꼭 마십니다.
좋아하는 음료수를 마셔도 마지막에 내 곁에 있는 것은 물입니다.

타인을 반짝반짝 빛나게 해주던 아이.

공은 많지만, 그 공을 주변에 돌리던 아이.
특징, 개성이 없다는 소리를 들어도 자신의 길을 걷던 아이.
조연, 단역을 마다치 않고 열심히 일하면서 투명한 모습을 잃기도 한 아이.

물(Water)은
결국 이 세상에서 가장 사랑받는 아이,
오랫동안 살아남았고, 또 오래도록 살아있을
생명력이 가장 큰 아이가 되었습니다.

이토록 꾸준한 사랑을 받으며 늘 한결같은 모습으로 있는 물은
언제나 당신 곁에서 당신을 채워줍니다.
그리고 늘 그렇듯 자신의 공을 내세우지 않으면서.

시선-004
담배꽁초가 하고 싶은 말 : 내 처지가 슬프다.

구석진 바닥에 버려진 담배꽁초를 보니 이런 생각이 드네요.

꽁초가 하는 말.
"나 그렇게 좋아하더니 쓰레기통이 아닌 바닥에 버려졌다.
비 오는 날에는 비를 홀딱 맞고, 눈 오는 날에는 외로이 눈을 맞는다.
가끔은 이곳저곳으로 굴러다닌다. 나를 거두어 가는 건 청소하는 아저씨, 아주머니뿐.

쓰레기통에 들어가면 나와 같은 꽁초 친구들을 만날 수 있다.
처음부터 쓰레기통에 들어와 휴식을 취하고 있는 꽁초가 부럽다.
사랑받다가 버려진 내 처지가 슬프다. ㅠ_ㅠ"

꽁초가 바닥에 버려진 모습이 아쉬운 마음이 들어 이런 상상을 해보았어요.
담배꽁초를 쓰레기통에 넣어주시면 참 좋겠어요. ^-^

시선-005
주전자의 '지글지글' 소리가 사라지니 무언가가 떠오르네요.

매우 뜨거웠던 주전자의 물을 다 빼니 '지글지글'합니다.
그래서 얼른 물을 넣으니 주전자의 '지글지글' 소리는 사라지고, 고요해지죠.

우는 아기에게 우유병을 주면 평온해지는 것이 떠오르네요.

시선-006
인재가 창의적으로 성장하려면

우리 사회는 창의적으로 생각하는 인재가 필요하지요.
그러나 우리는 주입식 교육으로 창의적인 인재가 능력을 발휘하지 못하고 있다고 생각합니다.

인재가 그 특성을 살리기 위해서는 자율성을 존중하는 것이 좋다고 생각합니다. 음식 맛을 살리기 위해서는 재료가 본연의 맛을 잃지 않도록 신선해야 하고, 조미료를 많이 넣지 않는 것이 중요하죠.

그렇듯이 인재가 훌륭하게 성장하기 위해서는 인재 본연의 모습을 살리고 능력을 발휘하도록 하며, 창의성을 잃지 않도록 해야 합니다.

시선-007
'생활 속 동선 최소화' 연구의 소박한 성과를 전해드려요.

생활 속에서 홀로 가끔 연구하는 분야가 있으니 '동선 최소화'입니다. ^^;;
조금 거창하게 연구라고 표현했고, 생각하는 것으로 봐주시면 됩니다.
어떻게 해야 '한꺼번에 일을 처리하고, 움직이는 거리를 줄이느냐'를 말합니다.

움직이기를 싫어한다기보다는 시간이 한정되어 있고 할 일이 많다 보니 생활 속에서 이따금 '동선 최소화'를 생각하게 되었네요.

운동 효과를 얻기 위해서는 '동선 최대화'를 생각해야 하네요.

사람들이 지름길을 찾고, 목적지까지 가는 '최단 거리'를 생각하지요.

한정된 시간을 잘 활용하고자 그런 것이죠.

현재 소박한 연구 성과를 알려드리면요.

하나. 생각의 시간을 한 뒤에 행동하고요. 어떻게 갈지 방향을 정해두는 것이죠. (다 아는 사실. ^^;;;)

둘. 다른 이의 일도 함께 해결하면 좋습니다. '가는 김에 같이 하자.'인데요.

예를 들어, 먼 거리에 물건 사러 갈 일이 있으면 필요한 사람의 것까지 같이 사는 것을 말합니다.
다른 이의 일도 도와주면 그 사람의 시간이 절약되고, 나중에 나도 도움을 받을 수 있어요.

인류가 더 잘 사는 방법은 '혼자 가지 말고 함께 가기, 도우며 살기'잖아요.
'동선 최소화'를 위해서도 '함께 돕는 자세'가 중요합니다.

시선-008

블로그 속에 '김치'와 '쌀밥'

엄마는 오늘도 고민입니다.
어떤 반찬을 밥상에 올려야 할지.

매일 영양가 있고, 새로운 반찬을 가족에게 주고 싶은 엄마의 마음을 아시나요~!
엄마가 매일 준비하고, 노력해도 어떤 날은 반응이 좋지 않습니다.
주부들은 이 마음을 알 겁니다.

저는 오늘도 고민입니다.
오늘은 어떤 글을 블로그에 올려야 할지.
대부분 하루에 3개 이상씩 글을 올리고 있는데요.
어떤 날은 5개도 올리고요.
어디에서 만난 적 없는 특별한 글을 올리고 싶은 마음이 있어요.
'잘 나왔어. (^^;;)'라고 생각된 글을 안 보기도 해서서 아쉬운 마음이 있지요.
아픈 날이 별로 없지만, 조금 아파도, 피곤해도 글을 올립니다.

글을 쓰다가 만족스럽지 않은 부분이 있으면 다음번을 기약하고,
오늘 글이 일정 수준이 되었다고 생각하면 글을 올리고 있어요.
마지막에 등록하는 [From. 블로그씨]까지 마치면 마음이 편안하고요.

[짧은 글]과 [From. 블로그씨]는 100일간 매일 쓰기로 했기에
이건 매일 등록되는 글이지요.

[짧은 글]은 김치 같아요. 하루도 빠지지 않고, 이 공간에 등록되니까요.
김치를 먹지 않으면 허전하듯이 [짧은 글]도 그러하길 바라고요.

[From. 블로그씨]는 쌀밥, 밥 같아요.

사람들이 제일 많이 찾아서요. 블로그 글 중에서 사람들이 가장 읽는 글은 [From. 블로그씨]입니다.
그래서 저도 [From. 블로그씨]를 신경 써서 쓰고 있습니다.
음식 중 밥이 맛있어야 식사가 만족스럽듯, 밥이 매우 중요하듯
앞으로 [From. 블로그씨]를 맛있게 짓겠습니다.
글을 짓다, 밥을 짓다. 어?! 쓰다 보니 지금 놀랐어요.
글짓기, 밥 짓기네요.

원래는 엄마가 반찬 고민하듯, 글쓰기 고민한다는 말을 하고 싶었는데 생각을 더 하다 보니 김치와 쌀밥이 생각났고요.
이제는 '글'과 '밥' 둘 다 '짓다'라고 말하는 공통점을 알게 되네요.

그리고 많은 이가 손대지 않았지만
만든 이만 만족스러웠던 요리를 소개합니다.
글 하나하나 노력해서 썼었는데 주목받지 못하는 글이 있어 아쉬운 마음에 올려봅니다.

* 블로그를 운영하며 쓴 글이라 블로그에 관련된 내용이 조금 나오는데요. 좋은 아이디어라 남겨두니 이해를 바랍니다.

제2부
신에 대한 짧은 글

`신께-001`

절망하지 말고 쉬자.

제가 종종 쓰는 이모티콘. orz.
절망하는 모습이
오늘은
기도하는 모습,
절하는 모습으로 보이네요.

절망해서 쓰러지지 말고,
기도하라는 걸까요?
잠시 쉬라는 뜻으로도 이해하려고요.

`신께-002`

신이시여, 한 번만 도와주세요.

가끔 아주 다급한 순간에는 이렇게 말할 때가 있어요.
'주님, 한 번만 도와주세요. 제발요.'

그리고 그 순간이 무사히 지나가면
언제 그랬냐는 듯, 그때 그 간절한 마음을 잊고 살기도 해요.

그러다 또 다급한 순간에만 신을 찾게 되는 건 아닐까요?
그러면 내가 믿는 신이 '흥! 괘씸한 친구일세.' 하는 건 아닐는지요.

> 신께-003

나도 날개가 있으면 좋겠어요.

머라이어 캐리(Mariah Carey)의 'Butterfly'를 들으니
나도 날개가 있었으면 좋겠다 싶어요.

신은 인간에게 모든 것을 주지는 않으셨나 봐요.
모든 것을 가질 수도 없고요.

> 신께-004

기도하는 이유는

신에게 기도를 하는 건
내 소망이 정말 간절하고,
지금 할 수 있는 최선의 행동 중 하나가 기도라 여기기 때문입니다.

> 신께-005

매일 기도하며

바라는 것이 있는데
내가 할 수 있는 일이 없을 때
그때 기도를 더 열심히 합니다.
요즘은 간절하게 바라는 것이 있어

매일 하긴 한다만.

신을 덜 믿을 때
이따금 힘든 일이 있으면 기도를 했고,
신을 더 믿게 된 지금은
매일 기도를 합니다.

이루어질 거라 크게 기대하지 않습니다.
기대했다 실망했던 적이 많았기에
모든 일이든 기대를 줄이려 합니다.
인생이 내가 바라는 것과 다르게 펼쳐지더라도
그것이 내 운명이려니 받아들이려 하죠.

내 기도를 들어주지 않았다고
슬퍼하지 않으리라 다짐하며.

신께-006
신이 나를

삶이 많이 힘들 때,
너무 괴로워서
내 삶이 왜 이러나 싶은데

신이 나를

이 세상에서
불행하라고,
벌 받으라고
태어나게 하진 않았으리라 생각했습니다.

힘들어도
이것 이겨내고
극복하는 모습을 기대하며
시련을 주셨다고 생각하기로 했어요.

그래, 다시 일어나기로
또 시도해보기로 하며 힘을 냈습니다.

제3부
마음을 담은 이야기 (1)

마음-001
나보다 뛰어난 사람도 많지만

나보다 노력하는 사람도 많고,
나보다 뛰어난 사람도 많지만.

난 나대로, 내가 할 수 있는 만큼 최선을 다해볼게요.
그러다 보면 내가 원하는 모습에 가까워지겠죠.

마음-002
꿈 일기

꿈을 꾸고 나서는
그 꿈에 대해 다시 생각해보고, 문서에 적습니다.
7월 10일의 꿈.

이렇게 적어 나가다 보면
전 비슷한 내용의 꿈을 자주 꾸고 있음을 알 수가 있습니다.
제 최근 상황을 반영하고,
저의 내면 상태를 알 수가 있더라고요.

그래서 꿈에서 깬 다음에는
그 꿈에 대해 생각해보고, 기억해 내려 하죠.

때로는 꿈 내용이 전혀 생각 안 나다
어떤 것을 보고, 생각하다 떠오를 때가 있는데
그러면 찾지 못하던 물건을 찾은 것처럼 매우 기뻐요.

꿈을 믿지 말라는 사람도 있지만
전 제 꿈을 통해 저에 대해 더 알아가고 있습니다.

마음-003
어떤 세계를 만날까

오늘 노력해 어떤 꿈을 이룰지 상상하는 것도 좋지만
오늘 당장 어떤 꿈을 꾸어 그걸 다시 생각하는 것도 난 재밌어요.

미래에 대한 꿈은 통제할 수 있기도 하지만
오늘 밤의 꿈은 통제할 수 없어요.

어떻게 펼쳐질지
전혀 예상할 수 없기에

줄거리도, 주연배우도 모르는
영화이기에 더 빠져듭니다.
나는 주연이기도, 조연이기도, 단역이기도.

깨어있는 시간은 하루하루 충실하게, 미래를 위한 꿈을 이루고자 전력

투구.

그리고 잠자리에 드는 시간은 어떤 세계를 만날까 기대하며 느슨하게.

마음-004
국물이 맛있어요.

여럿이서 고기볶음, 오징어 볶음 등을 먹는데
고기, 오징어가 많지 않을 때
난 국물을 선택합니다.
국물은 남들이 별로 좋아하지 않고 버리는 것이라서
난 국물을 밥에 비벼서 먹으면 맛있게 먹을 수 있어서
다른 이에게 피해 주지 않으려고 국물을 택하게 됩니다.

그러고 보니
많은 이가 국물을 버리지 않고 사용하고 있습니다.
버섯 샤부샤부를 먹고 남은 국물에 칼국수를 끓여 먹고, 죽을 만들어 먹고.
떡볶이를 먹고 난 뒤에는 밥을 넣어서 먹고.

예전에 김치찌개 국물을 조금 남겨
밥을 비벼서 맛있게 먹곤 했었습니다.

식당에서 국물 리필(보충)을 시도해보면 어떨까 싶었는데
우리나라 정서상 국물을 달라고 했을 때

건더기 없이 국물만 모아줄 수는 없다는 생각이 들었어요.

앞으로도 국물 사랑을 오랫동안 실천하겠습니다.

* 얇게 썬 고기(주로 쇠고기)를 끓는 물에 데쳐, 양념장에 찍어 먹는 요리는 '샤부샤부'로 쓴다고 맞춤법 검사기가 말해주네요. '샤브샤브'로 썼다가 수정했어요.
* 리필은 보충으로 수정하라고 하는군요. 글을 쓴 후에는 맞춤법 검사기를 이용하고 있습니다.

마음-005
콤플렉스가 있지만

펜을 세탁기에 넣고 세탁기를 작동시켜 펜의 상태가 안 좋아졌습니다.
펜심을 누르는 부분이 뻑뻑해졌네요.
일반적인 모양으로 만들려고 하는데 잘 안 됩니다.

콤플렉스를 얻었지만, 펜이 그래도 쓰입니다.
자꾸 일반적인 걸로 만들려 하지 않으려고요.
이 펜은 개성을 갖췄습니다.

특수한 상황은 이렇게 글이 될 때가 많습니다.

> 마음-006

그래도 괜찮다.

하루하루 시간 아껴가면서 열심히 살아가고 있는데.
글도 더 많이 읽으려 하고, 작문도 많이 하고 있는데
이러다 아무것도 이루지 못한다면 어떠할까 싶었습니다.

그래도 난 괜찮다고 생각했어요.
무언가를 이루려고 열심히 사는 건 아니니깐 난 괜찮아요.
글 읽고, 글 쓰는 과정이 참 즐겁습니다.

누가 나보러 이렇게 살라고 강요한 적도 없고
나 스스로 즐겁게, 바쁘게 살아가는 것이니까
아무것도 이룰 수 없어도 슬퍼하지 않을 수 있습니다. ^^

> 마음-007

알고 보면 괜찮은 애들

밥을 먹으려는데 마땅히 먹을 만한 반찬이 없어 보입니다.
다른 거 만들어 먹고 그래도 되지만
오늘은 이 반찬으로 먹어보렵니다.
내가 보기에 훌륭하지 않은 반찬이지만
채소를 좋아하는 우리 엄마에게는 훌륭한 반찬입니다.

맛없다고 생각한 반찬이지만 먹어보니
평소에 안 먹던 반찬도 먹게 된 것입니다.
몸에 영양가 있는 좋은 반찬인데 그동안 눈길을 잘 주지 않았습니다.
이 반찬이 있음에 감사합니다.
이것이 없다면 맨밥으로 먹어야 하지 않나요.

맛없다고 생각한 반찬으로 밥을 먹으니
평소에 안 먹던 반찬을 먹어서 영양을 골고루 섭취할 수 있고,
그렇게 맛있지 않았으니 적게 먹게 되는, 소식하게 되는 효과도 있습니다.

우리 주위에 이런 것 있지 않나요.
평소엔 나랑 내 스타일 아니라고 안 맞는다고 안 어울리던 친구도
만나보니 괜찮은 경우.

그러니 이젠 나랑 안 맞는다고 생각하지 말고
그 친구도, 그 반찬도 만나보아요.
알고 보면 괜찮은 애들입니다.

마음-008

버스가 있어 좋아요.

누군가 묻더군요.
차 살 계획 없느냐고.

아직은 없고, 당분간도 없을 것 같아요.
저는 버스가 참 좋아요.

머릿속에 떠오르는 것을 놓치고 싶지 않아
생각을 명확하게 정리하려면 적어야 해서
버스에 타면 메모지와 펜을 꺼냅니다.
바깥 풍경도 조금 보면서, 여러 가지 쓰고,
책도 읽고, 생각하다 보면 목적지에 도착해요.
제 차를 가지고 운전을 하면서는 이런 일이 힘들죠.

버스가 많이 오가지 않는 곳을 갈 때는
이따금 버스정류장에서 1시간 정도를 보내야 하는 일이 있습니다.
그러면 그 시간에는 해야 할 일을 생각하고 있다 진행해요.

책도 몇 번 보았고, 오디오 책도 활용했고, 여러 가지 생각도 많이 했죠.
글을 쓰고 싶다는 생각을 다시 하게 되고, 아이디어를 적어 나갔던 것도
1시간 정도 여유 시간이 있던 버스 정류장에서였어요.

버스가 있어서, 버스 기사 아저씨, 혹은 버스 기사 아주머니가 계셔서
저는 원하는 곳으로 이동하고, 시간도 알차게 쓰고 있습니다.

버스정류장에서 기다리는 1시간도
지루한 시간이 아니라
기다려지기도 하는, 무언가를 시도해보는 특별한 시간이 되었죠. ^^

마음-009

오랜만에 달려보다.

내리려던 버스정류장에서
대부분 같이 내리던 사람이 있었기에,
오늘은 여러 가지 생각하다
벨 누르는 걸 잠시 잊었습니다.
그래서 한 정거장을 더 가야 했죠.

시간도 넉넉하지 않은데.
이 시간을 만회하는 방법은 달리기밖에 없습니다.
그래서 오랜만에 달려보았어요.

나 요즘 달리기하지 않는다고,
조금 달려보라고 이런 시간이 주어졌나 봅니다.
달리다 잠시 쉬면서 걸으니
버스 타고 가느라 잘 못 보았던 건물도 볼 수 있었습니다.

이제 일부러 한 정거장씩 더 가볼까,
아니면 한 정거장 먼저 내릴까 싶기도 합니다.
그래서 오랜만에 달려보기도 하고,
구석구석 살펴보며 길을 걸어보는 시간도 의미 있으리라 생각해요.

그래도 어떤 일이든, 특히 버스 내리기 전
더 주의 집중하고 살려고요.

놓고 내리는 물건은 없는지 살피고,
잘 내릴 준비태세를 해야겠습니다.

> 마음-010
다음 사람을 위한 마음

일하다 보면
다음에 일할 사람을 생각해서 조금 번거로워도 일을 하는 경우가 있습니다.
내가 지금 일을 하면 다음 사람이 일을 편하게 할 수 있기에.
이건 선택이지만, 하고 나면 마음이 뿌듯합니다.
나는 다음 사람이 누구인지 알고 했지만.

우리의 수많은 조상님,
다양한 분야의 수많은 선배님은
이름 모를, 보이지 않는 후손과 후배를 위해
우리가 지금 가는 길을 열심히 닦아놓았습니다.
여러 가지 문제를 해결해 놓은 것이었죠.

이런 분들 덕분에
우리가 더 편리하게, 윤택하게 살아갈 수 있다는 것을 오늘 생각하게 되었습니다.
여러 가지 물질적 풍요로움, 많은 이의 노력으로 이루어진 민주주의 등 많은 것에 감사해집니다.

그분들의 다음 사람을 위한 마음이 참 고맙습니다.

마음-011
그런 자신감, 당당함, 뻔뻔함

선거에서 꼴찌할 거, 당선되지 않을 거 왜 나가냐는 말을 들은 적이 있습니다.
그 당시 난 그런 결과일지라도 나가는 것이 좋다고 말했었죠.

진정으로 하고 싶다면
나가서 꼴찌한들, 조금 민망해도 어떨까 싶었습니다.
설령 선거 사상 최저 득표라는 좋지 않은 기록을 얻을지라도.

예전에 반장 선거에 나가 3표를 받은 적이 있습니다. 풋. 아직도 기억나네요.
그 당시 후보로서 어떠한 발언할 기회가 없이 그냥 투표했었는데
그것이 매우 아쉽게 느껴졌습니다.
난 반에 아는 이가 많지 않아 발언할 기회가 있으면
반장, 부반장이 될 수는 없었어도 득표 수는 조금 올라갈 수도 있었을 거로 생각했었죠.
1표, 2표 올라갔으려나…
오히려 득표 수가 더 떨어졌을라는 모르겠으나. orz.

어쨌든 나는 적은 득표 수를 얻었지만,

선거에 나간 것을 후회하진 않습니다.
나가지 않았으면 어떠한 결과를 얻었을지 매우 궁금하고,
시도조차 하지 않았던 것이 오래도록 아쉽고 그랬을 것입니다.

많은 이가 하고 싶다면
선거에 나갔으면 좋겠습니다.
선거뿐만 아니라
모든 일에 남들 시선 생각하지 말고
자신이 원하는 바를 시도해봤으면 합니다.

떨어질 것 알아도, 꼴찌일 거 알아도
시도해보고, 도전해보는 그런 자신감, 당당함, 뻔뻔함이 좋아요.
그래, 나 뻔뻔했고, 무모했지만
후회는 없습니다.

> 마음-012

마음을 따뜻하게 감싸주는 벗

형광등 불 상태가 안 좋아
공간을 사용하지 못하고 있다
스탠드가 생각이 났습니다.

오랜만에 스탠드를 만나게 되었습니다.
혼자만의 학습시간에 늘 함께였던 벗이었는데.

2005년에 처음 만나 10년 동안 내 공간에 함께 있었죠.

눈을 편안하게, 마음을 따뜻하게 감싸주는 이 빛이 좋아
이제 다시 함께 하려고요. ^-^

* 특이사항
- 장갑 끼고 켜짐, 꺼짐 버튼을 누르면 작동하지 않아요.
- 한 번도 등을 교환한 적이 없어요.

마음-013
양보하는 대인

동생이 부탁해서
내가 더 안 좋은 선택을 하게 되었습니다.
동생을 위해 양보를 한 것이죠.

잘한 건지 싶기도 하지만,
양보하지 않았다면 마음이 불편했을 것입니다.

나의 오빠, 언니께서도 나에게, 동생에게 많은 것을 양보했을 거라는 것을
더 좋은 선택을 나에게 하게 했음을
오늘 새삼 알게 되었습니다.

항상 먹을 것을 가져오셔서,
많은 양을 남겨 나 더 먹으라고 하는 분이 있는데

그분도 나를 위해 양보하셨고,

우리 엄마, 아빠도
좋은 것이 있으면 자신을 위해서 사용하지 않고
제일 좋은 것을 나에게 양보하셨습니다.

아랫사람에게 양보하면서
새삼 나에게 양보를 했던 많은 이를 떠올리게 됐습니다.

나에게 양보를 하셨던 분들에게
더 많은 걸 드릴 수 있도록 노력하겠고,
아랫사람이든, 윗사람이든
때론 불리하더라도 양보하는 대인이 되고 싶어집니다.

다음번에도 오늘처럼 양보할 수 있을까요?
항상은 그럴 수 없을 듯싶네요.
그건 그 사람이 누구냐에 따라.
나에게 어떻게 대했느냐에 따라. ^^

 마음-014
궂은일

이 일을 해볼까 하면서 다가갔는데
생각했던 것보다 더럽고, 쉽지만은 않은 일이네요.

내가 이 일을 피하면 누군가가 해야 하니깐
평소에 안 해왔으니 이번에는 해보았습니다.

궂은일을 하고 보니
남들이 피하는 일을 했다는 생각에,
누군가의 짐을 덜어주었다는 생각에 보람이 컸습니다.

늘 궂은일을 도맡을 순 없겠지만
가끔은 해보며 오늘 느낀 보람을 다시 느껴보아야겠습니다.

안 보이는 자리에서
궂은일을 매일 하고 계시는 분들에게,
궂은일을 찾아서 하고 있는 분들에게
감사함을 느낍니다.

마음-015
자존감을 다치지 않게 해주세요.

난 잔소리가 싫습니다.
요즘 내가 제일 싫어하는 것이기도 합니다.

비교양적인 태도로, 화를 내며
잔소리를 하는 건
상대방의 인격을 존중하지 않아서라 생각합니다.

잔소리 들을 사람의 처지를 생각한다면
그런 태도로 잔소리할 수 없을 것입니다.

내가 잔소리를 싫어하니
누군가에게 잔소리하지 않으려 하게 되었습니다.

내가 타인을 생각하기에, 그 사람의 자존감을 생각해서
잔소리를 하지 않는 건데

때로는 잔소리를 하지 않는 나를 사람들이 너무 쉽게 봐서
내 자존감이 상처를 받습니다.

타인의 자존감을 생각해서 하는 일이
결국은 나의 자존감을 다치게 할 때 힘들어요.

마음-016
물질이 짐이 되기도 하다.

영화 예매권이 있는데 기한이 얼마 남지 않았고
결국은 내가 쓸 수 없는 상황이 되었습니다.
시간이 나지 않아 이것이 나에게 짐, 고민거리가 되는 것이었습니다.

기한이 넉넉하다면, 죽기 전까지 언제든 쓸 수 있다면 괜찮으련만
쓸 수 있는 기간이 정해져 있고, 여유로운 시간이 많지 않은 것이 우리

의 현실.

돈이 있는데, 여러 가지 이유로 세상을 떠나야 할 때.
돈, 물질이 짐이 될 수도 있겠다 싶었어요.
이거 다 쓰고 가야 한다고 하면서.

물질이 짐이 된 적은 몇 번 있지 않던가요.
집에 물건이 많아서,
여행 갈 때 짐이 많아서 힘들고,
이사하려는데 옮길 것이 많아서 지치고.
사람이 물건 때문에 마음 쓰게 되고, 물건에 얽매이게 된다는
법정 스님의 말도 생각납니다.

마음-017
실패해도 괜찮습니다.

우유를 뜯다가 잘 안 뜯어졌습니다.
그래서 망설임 없이 다른 쪽을 뜯었습니다.

이러한 생각이 들었어요.
우리의 삶도 우유 상자 같다면?

한 번 실패해도, 실수해도
또 한 번의 기회가 있으니 괜찮다고 할 수 있기를.

좌절하지 않고, 환하게 웃을 수 있기를.

우리의 인생도 우유 상자같이
기회가 한 번 더 있으면 좋겠다 싶었는데

기대했던 것과 달라도 실패라 생각하지 않는다면,
서로가 서로에게 관대하고, 이해한다면
우유 상자보다 더 많은 기회가 우리 인생에 있네요.

우유 상자는 2번의 기회가 있지만
우리의 인생은 실패해도 무한의 기회가 있다고 여길 수 있는
사회가 되었으면 좋겠습니다.

마음-018
명확해진 나의 꿈

어떤 이가 관세사가 되었다는 현수막을 보면서
저도 저렇게 무언가 한 분야에 뛰어들어 성과를 얻고 싶었습니다.
그 당시 저도 방향은 있었는데, 확신은 부족했어요.

그래도 어디든 좋은 강연이 있으면 찾아가고,
시간 여유가 있으면 여러 강연도 듣고,
하루하루 충실히 살려 했는데
그것이 모여서 이렇게 글을 쓰는 나를 이루게 되었네요.

방향을 빨리 찾지 않더라도
내가 했던 것들이 나에게 도움이 되었으니
안 좋은 기억마저 배운 것이 있었으니
그럼 된 것이겠죠. ^^

누군가의 명확한 직업명을 보며 나에게 꼭 맞는 것을 찾지 못한 건
다방면에 관심과 흥미가 많아서
하고 싶은 일이 여러 가지가 섞인 종합적인 일이라 찾기 힘들었나 봅니다.
이 내용도 조만간 블로그에서 전해드리겠습니다.

지금 저의 일상은 다양한 걸 보고, 느끼고, 생각하며 제 안의 생각을 쓰는 것이지요.
이러한 과정을 통해 사람들이 더 윤택하게 살아가는 데 돕고 싶습니다.
모든 글 쓰는 이의 마음은 이러하죠. ^^

명확해진 꿈을 발견해
매우 기쁘고, 더 열심히, 적극적으로 살아보려고요.

마음-019
소중히 여기겠습니다.

1분만, 5분만 더 있었으면 좋겠다 싶을 때가 있습니다.

어디 나가기 전 밥을 먹다가
5분만 더 있어서 조금만 더 먹고 가다 싶어요.

드라이기를 쓰는데
조금만 더 있으면
머리를 더 말리고 갈 수 있다 싶고요.

버스를 놓치지 않고 타고자 달려갈 때는
1분 만이라도 더 여유가 있으면 좋겠고요.

항상 흘러가는 시간이
소중하다고, 중요하다고 느끼지 않았던 시간이
그 시간에는 더욱 소중하게 느껴지지요.

시간이라는 주인의
노예가 되어있다고 혼자 느꼈습니다.

몇 분이라는 시간의 소중함, 중요함을 다시 느끼며,
앞으로는 제가 조금 더 서둘러야 하지요.

50원, 100원 크지 않은 금액이지만
길거리에 동전이 떨어져 있어도 줍지 않은 사람도 많지만,
그것이 당장 없어서
원하는 것을 살 수 없게 되기도 합니다.

약간의 시간, 적은 금액의 돈은
쓸모없다고,
중요하지 않게 여기고 있지만

가끔 그것이 필요한 때를 알려주며
그것의 중요성을 깨닫습니다.
어떠한 것도 작다고, 하찮다고 생각하지 말고,
소중히 여겨야겠습니다. ^^

마음-020
공감했어요. 재미있게 잘 들었어요.

내 이야기를 잘 들어주는 사람이
자신의 이야기를 잘하는 사람보다
더 좋다는 말을 이제야 가슴 깊이 깨달았습니다.

이야기를 잘 들어주는 사람과
잘 말하는 사람 중에서
어떠한 이를 원하느냐는 말에
단순히 잘 들어주는 사람이 좋다고 생각했었습니다.

제가 열심히 말을 해도
상대방이 반응이 크지 않다거나,
제 말이 끝나면

제 이야기와 관련 없는
자신이 하고 싶은 말을 하는 것을 보면서

이야기를 잘 들어주고, 잘 반응해주는 것의 중요성을
알 수 있었습니다.

저도 누군가의 말을 듣고 반응하는 정도가 크지 않아서,
지금껏 많은 이가 제 반응에 실망했을 거라는 생각이 들어
리액션(reaction, 반응) 공부를 해야겠습니다.

관련 읽을 자료도 살펴보고,
어떻게 해야 공감했고, 재미있게 잘 들었다는 뜻이 표현될는지
여러 가지로 실습해보아야겠습니다.

마음-021
나를 위로하다 떠오른 생각

오늘도 이렇게 글을 남기고,
내일도, 모레도 블로그를 운영하겠지요.
방문객이 적어도 계속 생각을 하고, 글을 쓸 생각입니다.

이 공간에 아무도 안 오시면 글 공개하지 않고,
그래도 열심히 살아가며, 작문하고 있을 거예요.

블로그에 많은 분이 오시지 않다고,
별다른 반응이 없더라도,
지금 제 글이 방문객에게 소중하지 않더라도,

나중에 태어날 저의 자녀는,
혹은 조카만큼은 제 글을 소중히 여기리라 믿고 있어요.

그런 마음으로
지금 당장 반응을 얻지 않아도
묵묵하게 제 길을 걸어 나가려고요.

시간이 흐르고, 그러면 그때는
제 글이 조금 더 빛을 볼 수도 있겠죠.

나중엔 주목받을 수도 있다고 생각하는 것이
약간 슬프기도 하지만

열심히 작문하는 사람으로서
결과가 중요한 건 아니니까
더 힘내보려고요.

매일 글 쓰고 있는데,
반응이 많지 않아서
저를 위로하다 떠오른 생각을 글로 옮겨보았습니다.

마음-022

자책하는 마음 덜 가지고

알고 싶은 것도 매우 많고,
재미있는 것도 참 많고,
의욕도 많아 어떨 때는 의욕이 넘쳐
힘들어지기도 하는 사람입니다.

남들 재미없다는 일에
저는 재미를 느껴서 일하는 것이 즐겁고,
여러 가지로 일을 계속 만들고 있어요.

그것이 단점으로 작용할 때도 있지만,
이젠 저를 조금도 미워하지 말고,
자책하는 마음 덜 가지고,
제 모습 그대로 사랑하려고요.

이렇게 호기심과 흥미를 느끼는 것이 많고,
적극적인 성격을 가져서 좋다고 생각하려고요.

이런 성향으로 태어나
감사함을 느낍니다. ^^

* 제가 자책하는 마음이 많아서, 힘들 때가 많아서 저를 위로하는 글이네요.

[마음-023]
혼자 낑낑대며 알아가다가

답을 잘 모르겠다 싶어
이 문제에 대해 잠시 생각해보는데
쉽게 올바른 답을 찾지 못하겠습니다.

한 번에 답을 찾을 수가 없어
다음번에 생각하기로 하며
생각할 일 목록에 적어두었는데
언제 해결될지 모르겠습니다.

그걸 아는 누군가에게 물어보는 것이
더 빨리 답을 찾을 수 있으리라 생각합니다.
혼자 답을 찾는 걸, 해결하는 것 좋아하기도 하지만,

무엇보다도
이런 것도 잘 모른다는 소리를 들을까 봐
누구에게도 선뜻 묻기 어려웠어요.
어떻게든 혼자 낑낑대며 알아가야 합니다.

잘 모르겠다고 생각할 기회를 다음으로 미루곤 했었는데
오늘 그 문제를 다시 만나며 더 미루지 않기로 했어요.
오늘 한 달이 넘는 시간 동안
생각할 일 목록에 있던

문제에 대한 답을 어느 정도 찾을 수 있었습니다.

내가 모든 것을 다 알 수 없고,
질문하는 것을 좋아하면서도
이 문제에 대한 답을 한 번 묻고 싶었는데
타인의 부정적인 시선을 감당하기 어려울 거로 생각했습니다.

설명해주는데 바로 이해하지 못한다면
그들은 자신의 기준에서 뭐라고 할 테고.

모른다고 말하는 것이 부끄럽지 않은 분위기,
누구에게든 잘 모르는 것을 묻고, 배우는 걸 어렵지 않게
생각하는 사회가 되면 좋겠습니다.
그리고 모르는 걸 물으면 친절하게,
모르는 이의 관점에서
설명해주는 사람도 많아지면 좋겠습니다.

* 글을 쓰고 나서 생각해보니 우리 사회가 변화하길 바라는 건 시간이 오래 걸리기도 하니 저 자신부터 변화해야겠다는 생각이 듭니다. 쉽지 않지만, 모르는 것이 있다면 더 용기 내서 물어봐야겠네요.

마음-024

개그 욕심

제 글을 다시 읽어보았습니다.

글이 대부분 엄청나게 진지하네요.

저도 재미있는 이야기 좋아하고,
재미있는 개그 들으면 주위 사람에게 자주 하고,
창작 개그도 하고 그러고 있어요. ^^

개그 욕심이 있다는 걸 최근에 알았습니다.
사람들이 제 개그에 안 웃어서 그렇지만.

제 개그를 좋아하는 사람을 한 명 발견해서
재밌는 내용을 창작하면, 들으면 열심히 적었다가
신나서 이야기해주고 그랬어요.

원래 웃음이 많은 분이라지만
억지로 웃어주신 건 아닌가 하는 생각도 들었지만
그래도 고맙습니다. ^^*

마음-025

오타는 재밌어.

제가 쓴 글에서 오타가 난 걸
며칠 후에 알았습니다.
여기 블로그에 쓴 건 아니고요.
웃기네요. 요즘 많이 웃지 않던 나에게 큰 웃음을 주네요.

오타 제목을 쓰면 주목 효과는 더 있으리라 생각이 들어요.
그렇다고 일부러 쓰면 안 되지만요.

우리 엄마가 보낸 문자 속
오타도 재밌습니다.

가끔 실수하는 모습, 부족한 모습이
인간적이고, 귀엽다는 생각을 해봅니다.

마음-026
좋은 기억도 있으니까

누군가에 대한 내 마음이 돌아서서
내 마음을 다치게 한 기억이 몇 번 있어서
'신경 안 쓸 거야.'라고 다짐했는데
마음이 안 좋아 신경 써서 도와주게 되었습니다.

안 좋은 기억이 미구 떠오르나
순간 나한테 잘해준 기억도 떠올랐어요.
이젠 그만 신경 쓰려고 했는데
잘하고 있는 건지 싶었어요.

마음-027

언제 완벽한 적이 있었던가요.

인간이 완벽하지 못한지라
일이라도 조금 더 완벽하게 하고 싶었는데
그래도 항상 내 마음에 들게끔, 아쉬움 없이 일하려 했는데

오늘은 시간 부족으로
완벽하게 일을 하지 못했고
아쉬운 마음이 가득했습니다.

항상 완벽하지 못하긴 했지만.
언제 완벽한 적이 있었던가요.
오늘은 일 끝내고도 기분이 좋지 않았어요.

마음-028

나도 아이콘

매우 더러운 동전을 만났습니다.
남들이 안 좋아하고,
그래서 은행으로 보낼 동전을 보니
문득 이런 생각이 들었습니다.

이곳저곳에서 열심히 살아가며

자기 뜻과 달리 더러워졌는데
고생 끝에 이렇게 되었는데
사람들은 무시하고, 이토록 천대받고,
동전도 인격이 있다면 꽤 슬프겠지요.

안 좋은 모습의 동전이지만
이것도 '인내의 아이콘'임을
오늘에서야 알았습니다.
연민의 감정을 느끼며
'인내, 상처'의 상징인
이 친구를 싫어하지 말아야겠습니다.

마음-029
고생 안 하고, 힘든 것을 모르고

매우 깨끗하고, 윤이 나는 동전을 만났습니다.
오~ 2014년, 2013년 동전인가 보았더니
2006년 동전입니다.

엇. 근데 이렇게 깨끗할 수가 있지?

순간 이런 생각이 들었습니다.
이 동전은 고생 안 하고,
힘든 것을 모르고 살았겠구나.

근데 동전이 항변하는 상상을 해보았습니다.
"저도 고생해봤어요.
어느 삶이나 고생은 있지요.
겉만 보고 누구는 덜 고생했다고 그러지 마세요.
나도 마냥 행복했던 건 아니었어요."

마음-030

나를 살려주어서 고맙습니다.

제가 안 좋아하는 파리가
봉지에 깊숙이 들어가
나오지 못해
낑낑대고 있어요.

파리가
며칠 전의 저처럼
낑낑대는 모습이 안쓰러워
도와주니 봉지를 나와서
고맙다는 인사도 잊은 듯
휙~ 날아가네요.

이런 생각이 들었습니다.
내가 이 파리의
생명의 은인인데

이 파리는 그런 것도 모르고 살아가겠죠.
조금 서운한 마음이 들기도 하더라고요.

순간 저도 잊고 살던 많은 은인이 생각났습니다.

많이 힘들 때,
저를 안타깝게 여기고
먼저 저에게 대화를 청하셨던
선생님이 계시고,

초등학교 들어가기 전
몸이 많이 안 좋아
수술할 뻔했는데 잘 치료해주신
의사선생님도 계시고,

저에게 맛있고, 영양가 있는
음식을 제공해주신
농장, 목장, 공장, 바다에서 일하는 아저씨, 아주머니도 계시네요.

대학교 수업에
늦지 않게 저를 잘 데려다주신
버스 기사 아저씨, 아주머니도 제 은인이지요.

저를 더 성장하게 한
책 속 수많은 스승님도 계시고요.

다음번에 은인 목록 더 작성해보려고요.

그리고
저를 항상 사랑해주시고,
건강하게 자랄 수 있게 도와주신 부모님이 계십니다.

오늘 제가 도와준 파리를 통해
수많은 은인을 잊고 살았음을 알았고,
그분들을 다시 생각할 수 있었습니다.

그분들이 서운한 마음이 들었을 수도 있을 거로 생각하니
지금부터라도 더 잘해야겠다는 생각이 듭니다.

고마움을 잊고 살아서 미안해요.
그 마음을 잊지 않기도 했지만 표현하지 못했어요.

나를 살려주어서,
나를 살게 해주어서
고맙습니다.
감사합니다.

마음-031

이래저래 자야 하지만

잠을 못 자니 자야 하고,
잠 많이 잤어도 피곤하니 또 자야 하고.
결국은 이래저래 자야 합니다.
짧은 글로 생각하고, 여기서 멈추려고 했었어요. 그런데 할 말이 남았네요.

잠자는 시간을 좋아하긴 하지만
그래서 꿈 세계를 만나는 시간도
참 좋아하지만,
깨어있는 시간도 참 좋아요.

살아갈 인생이 길지 않다는 것이,
하루가 24시간이라는 것이
요즘 들어 아쉽게 느껴지네요.

더 많은 시간 동안
제 마음속 열정을 온전히 담아서
조금 더 시도해보고,
열심히 노력해보고,
더 많은 흔적을 남기고 싶어서요.

마음-032

안 될 것 뻔히 알아도

무엇보다 시간이 부족하고,
안 될 것 같기도 해서 안 했더니
미련, 아쉬움이 많이 남습니다.

나란 사람은 이러하니
안 될 것 뻔히 알아도 해보아야겠습니다.
앞으로는. 꼭.

시간적 여유가 있으면
안 될 것 같아도 시도해보긴 해요.

마음-033

난 오늘도 도전!

내 나이가 몇 살이라고 생각하며
살지 않아요.
내 나이를 떠올릴 때는 서류에 나이를 적을 때,
누가 물어올 때 정도입니다.

지금도 해야 할 일이 많고
시도할 것도 많은데

내 나이를 이야기하며
조만간 또 한 살 먹는다며
젊음이 지나간다는 사람들을 좋아하지 않습니다.

나이 들어서도
열정만 있다면 난 항상 젊을 테고,

실패를 거듭해도
난 계속 도전하고, 열심히 배울 것입니다.

그러니 네 나이가 몇이니,
한 살 또 먹으니 가능성이 줄어든다는
그런 말은 하지 말아주시길 바랍니다.

나이 들면 가능성이 줄어든다고
그렇게 말하고 있는 이한테는
실제로 가능성이 줄 것이지만.

그렇게 말하는 사람에게만
그러한 결과가 올 것이에요.
그 말한 사람만 해당한다고요!

나이 들면 아는 것이 더 많아지고,
능숙하게 일을 대처할 수 있다고
생각합니다.

그러니 난 오늘도 도전!

마음-034
이것만큼은 자신할 수 있어요.

확신한다는 말은 거의 쓰지 않고,
자신한다는 건 많지 않지만
내가 꿈을 위해 노력할 것이라는 건
자신할 수 있어요.

이제야 꿈을 알았는데,
노력할 자신이 있고,
노력하고 있는데
과연 이룰 수 있을까 싶었어요.

내가 원하는 바를 실현하고
떠날 수 있을까요?
떠나려면 멀었다고 생각하지만.

힘내야지. 힘내겠습니다.
결과가 어떠하든.
어떠한 미래가 기다리든.

`마음-035`
아쉬워하느라

지나간 기회를 생각하고,
아쉬워하느라

새로운 더 좋은 기회에
전념하지 못할 때가 있습니다.

`마음-036`
의미 있는 일을 하는 특별한 존재

이 일이 매우 의미 있다 생각했는데
또 다른 일도 의미가 많이 있습니다.

결국, 어떤 일이든 의미가 있다는 생각이 들었어요.
자신이 좋아하지 않는 일을 하고 있어도
많은 이가 세상에 꼭 필요한 일을 하고 있습니다.

내가 바라는 이상적인 일만
이 세상에 가장 의미 있다고 생각하지 않기로,
누군가의 가치관과 삶의 방향도 인정해주기로 다짐했습니다.

그리고 지금 내가 하는 일이

그리 재미있지 않아도, 때론 버겁게 여겨져도
단지 생계를 위한 일이라 할지라도
내 일을 더 소중히 여기는 사람이 많아지면 좋겠네요.
저도 그럴 것이고요.

난 이 세상에서 의미 있는 일을 하는
특별한 존재니까.
의미 있는 생명체니까.

> **마음-037**

나 같은 사람을 향한 글을 찾아서

오늘 나를 위로해주는,
내가 가진 고민을 이해해주는 글을 만났습니다.

이런 글을 가끔 만날 때면
눈물이 눈에 차기도 하고,
그 글을 쓴 이에게 고마운 마음을 느끼기도 합니다.

예전부터 익히 들어온 책, 작품이라
줄거리는 알고 있다 생각했는데 더 자세히 만나보니

내가 가진 상황과 비슷한 점이 많아서
읽어나가며 후반부엔 눈물이 퐁퐁 쏟아졌습니다.

사람들은 고민을 해결하고자,
문제에 대한 답을 찾고자
글을 읽고, 책을 만날 때가 많다고 합니다.

저도 저에게 도움을 주는 글을 만난 뒤로
또 저를 도와줄 글, 책을 찾고 싶었습니다.

마치 더 멋진 이상형을 찾느라
지금 내 곁에 괜찮은 이가 있는데도
매번 다른 사람을 만나러 다니듯
(제가 그렇다는 건 아니에요.)

날 위로해줄 또 다른 글을 찾으러
오늘도 다른 글을 만나러 다닙니다.
글을 읽는 이유가 이것 때문만은 아니지만요.

어딘가에 숨어 있을
나 같은 사람을 향한 그 글을 찾아서.

만족스러워도
또 만나러 다닐 것입니다.

> 마음-038

오늘 파리를 만나다.

오늘 파리를 만났습니다.
그것도 두 번.

하나는 곤충인 파리. Fly. 혐오의 대상.
또 하나는 도시 이름인 파리. Paris. 동경의 대상.

이름도 같은데.
둘을 바라보는 사람의 마음은 차이가 있습니다.

파리도 하나의 생명체인데,
사람들이 싫어하고,

파리라는 이름 아래
착한 마음을 쓰는 파리든,
나쁜 마음을 쓰는 파리든

태어난 지 얼마 되지 않았든
조금 더 오래 살았든

사람들에게
소탕 대상인 것을
생각하니

파리가 문뜩 불쌍해지네요.

(착하게 살아온 파리
선처 안 되나요?
알아볼 수가 없네요.)

저는 Paris에 가본 적은 없어요.
유럽과 파리는 항상 동경의 대상인데요.
가본 적이 없어서
더 신비롭고, 멋있어 보이는 듯도 싶어요.

먼저 사진을 통해, 글로 만나야겠어요.
그리고 시간이 오래 지나지 않은 뒤
실제로 가보고 나서
제 상상과 기대가 실제와 어떻게 달랐는지
알아보려고요.

마음-039
내 마음에 쏙 드는 직원은?

내가 사장님이라면
내 마음에 쏙 드는 직원을 구하기 어려우리라는 생각이 듭니다.

같이 일하면서도

내 마음에 딱 맞는 팀원을 만나기는 참 어려웠습니다.
그래서 혼자 작업할 때가 좋았어요.

이 블로그에서 나는 주인이기도 하고,
블로그를 챙기며 발전시키는 직원이기도 합니다.

그래서 그런 점이 좋습니다.
누구에게 이거 하라고 저거 하라고 하지 않아도 되고.
내 마음에 흡족하지 않게 일하는 사람도 없고.
내 마음껏 만들어 나갈 수 있으니까.

기획, 집필-작문-창작, 편집, 홍보까지
맡는다는 것이 약간 힘들 때도 있지만,
기분이 좋습니다.
모든 블로거가 이렇게 하고 있지만요.

혼자 이렇게 고군분투하고 있어
반응이 이 정도인가 싶은지 모르나

그래도 내 공간을
오늘도 열심히 만들어 나가야지요.

* 내 마음에 쏙 드는 직원은? 바로 접니다. 물론 아쉬운 면도 있다지만, 그래도 제일 제 마음에 들게 일하는 건 저 자신이겠죠.

마음-040
이건 규정이 아니니까

이건 규정에 따라서
내 할 일이 아니라고 안 하는 사람이 있습니다.

그렇게 규정, 규정을 논하는 사람에게는
정(情)이 안 가고,
결국 그 사람에게 '인지상정'의 감정을 가지지 않습니다.

규정이 아니라고 해서
일을 하지 않는 사람은
주어진 규정도 잘 안 지키는 경우가 많습니다.

마음-041
더 드리고 싶어요.

나한테 잘해준 사람에게는
안 도와줘도 되는 일에
마음 써서 도와주지만,

나에게 섭섭하게 해준 이에게는
그렇게 호의를 보이지 않아도 된다고
생각했습니다.

마음 써서 잘해주면 받게 되는 것이죠.
특히나 마음을 써서
잘 대해주시면
잊지 않고 더 드리고 싶고요.

마음-042
바라는 사람

일에는 철두철미하면서도
인간미가 있는 사람.
많은 이가 바라는 사람이겠죠. ^^

마음-043
우린 다 아프니까요.

누군가
몸 이곳저곳이 아프다는 이야기를 합니다.

사람들 반응은
아픈 것 이야기해서 뭐하냐,
누가 알아주느냐 그런 반응입니다.

그래서 제가

둘이 있는 자리에서
저도 일하다가 이곳저곳이 조금 아픈 적이 있었다고
말을 해드렸습니다.
아픈 이야기를 꺼냈는데 다들 반응이 없길래요.

내 이야기 들어달라,
조금 공감해달라
이런 것을 원했을 수도 있는데
사람들은 너무 몰인정하지 않나,
차갑지 않나 그런 마음이 들었어요.

누군가 아프다는 말에,
누군가 힘들다는 말에
안 힘든 사람이 어디 있느냐,
그런 것 말한다고 뭐가 달라지느냐
그러지 말고
열심히 들어주고,
나도 그런 적 있다고
이야기해주면 좋겠네요.

마음-044
다음이 있다는 것

다음이라는 말.

다음이 있다는 것은 참 좋습니다.
다음 기회가 있으니까.
그러면 마음 편히 일할 수 있고,
이 말로 누군가를 위로할 수도 있고.
자신이 조금은 나태해지기도 하고요.

그러나
다음 기회가 없으니까 하면
기회가 없다는 것이 안 좋기도 하지만,
지금 이 기회가 더 소중히 여겨지기도 합니다.
이 순간을 놓쳐선 안 되겠죠.

다음이 있어서 좋기도 하지만, 나쁜 점도 있고.
다음이 없어서 나쁘기도 하지만, 좋은 점도 있지요. ^^

마음-045
괜히 했다고 싶어질 때

그 사람 생각해서
여러 가지로 마음 쓰고,
하지 않아도 될 일도 도와주고 그랬는데

만날 때마다
항상 인사를 하지 않네요.

다른 이한테는
그렇게 다정하던데.

또 다른 이에게는
내가 많이 마음 썼는데
내가 준 만큼 그 마음을 돌려받으려 한 건 아닌데
나한테 항상 너무 무신경한 모습을 보면서

지난날
누군가한테 배려하고, 호의를 베푼 것을
괜히 했다고 싶어져요.

요즘 자주 드는 생각은
내가 아끼는 사람이 아니면
쉽게 호의를 베풀려 하지 않아요.

더 좋은 사회를 위해서는
저의 이런 마음이 좋지 않다고 할 수 있지만

어느 신부님이나 스님은
누군가가 나에게 어떻게 하느냐 생각하지 말고
자신은 먼저 주는 사람이 되라고 할 수도 있지만.
저는 타인에게 신경 써줬는데
타인은 저에게 그렇지 않아
나중에 힘들어지는 경우가 많아서

이젠 아무에게나
호의를 베풀지 않으려고요.

그렇게 긍정적인 다짐은 아니라고 할 수 있지만,
자신을 보호하기 위한 다짐입니다.

마음-046
어른인 지금도 꽤 좋습니다.

[제티] 음료를 보니까
초등학생 시절이 생각나요.
학교에서 주는 흰 우유에
제티 초코 가루, 딸기 가루
넣어 먹고 그랬죠.

H.O.T의 '행복'과 '빛'을
오랜만에 들으니
그 음악 듣던 시절이
떠오르고요.

어느새 어른이 되었죠.
어떤 이는 어릴 때
어른이 되고 싶을 거라 했지만,
전 어릴 때는 어른이 되고 싶지 않았어요.

어른이 된다는 건
여러 부담, 책임이 늘 거라는
막연한 생각에
어른이 되고 싶은 마음이
많지는 않았답니다.

막상 어른이 되고 보니
어릴 때가 그립고,
가끔 그때로 돌아가
잠깐 살고 싶은 마음도 드나
어른인 지금도 좋습니다.

성장해서
부모님께 여러 힘이
되어드릴 수 있다는 것도 좋고요.

꿈이 있어서
그것을 실현할 힘이
어릴 때보다 커져서 좋아요.

세상을 크게 변화시킬 수는 없어도
내 주변 공간,
내가 사는 마을 정도는
조금이나마 변화시킬 힘도
있다는 것이 좋습니다.

어른이 되고 싶지 않았지만,
어른이 되고 보니
좋은 점도 많이 있네요.

어릴 때보다 걱정이 는 것도 있지만
그래도 예전보다 할 수 있는 힘이
있다는 것을 생각하며
살아가려고요.

마음-047
오늘은 사고쳤어요.

오늘은
사고를 쳤어요.
아주 큰 사고는 아니었지만.

이거 어떡하나 싶었는데
수습하는 것이
생각했던 것보다 어렵지 않았고요.

사고치면 매번 드는 생각은
사고가 없던
매일매일의 날이
참 좋았구나.

'사고 없던 하루하루,
무사했던 매일매일을
감사한 줄 모르고 살았구나.'입니다.

무사한 하루에
감사한 마음을 잊고 살아
오늘 사고가 일어난 걸까요?

마음-048
더 정확하고, 빠른 판단력을 가지고 싶어요.

오늘 어떤 두 가지 선택안을 가지고
머리 아프게 고민했습니다.

이럴 때면 늘 드는 생각이
'더 정확하고, 빠른 판단력을 가지고 싶다.'입니다.

이런 건 어떻게 해야 길러지는 건지.
머리가 처음부터 좋게 태어나야 하는 건지,
글을 더 읽어야 하는 건지 싶네요.

두 가지 선택안을 가지고 고민하다
절충안이 떠올라 그 답을 택했습니다.
두 가지 답만 바라보고 있다 보니

다른 안, 절충안이 떠오르지 않았어요.

고민하느라 머리가 아팠는데
그 속에서 생각지 못했던
새로운 생각도 떠오르고,
이전에 정확히 몰랐던 것도 알게 되고,
고민 속에
얻은 것도 꽤 있네요.

답이 안 내려질 때
두 가지 선택안이 50 : 50인 상황에
하나의 결정적 이야기로
마음이 하나로 딱 고정이 되기도 합니다.

마음-049
다독에서 다상량으로

불과 몇 개월 전만 해도
더 많은 글을 읽고, 들으려고 노력했습니다.

책을 눈으로 볼 여유는 많지 않아서
책을 읽기보다는
오디오북을 활용해서

잠자고 일어나 몽롱해서
집중이 안 될 때를 제외하고는

밥을 먹을 때,
컴퓨터로 간단한 작업을 할 때,
걸을 때,
청소할 때

항상 책을 들으면서 일을 했고,
조금의 여유시간이 나면
조금이라도 책을 들으려고 했어요.
그래서 한 달에 50여 권 넘게 책을 보기도,
정확히는 듣기도 했고요.
이따금 읽은 책도 있고요.

현재는 다독에서
다상량으로 변했어요.
많이 읽기보다는
많이 생각하는 것이죠.

현실적으로 일할 때
책을 듣기 어려운 상황이 있어서요.
그래서 생각을 하는 쪽으로 가게 되었어요.

생각하다 보니 가끔 잡생각으로 흐를 때도 있지만

그래도 좋은 생각, 아이디어도 많이 떠올라서
다독만큼 다상량도 중요하다고 생각해요.

예전에 읽었던 책 내용을 떠올리기도 하고,
여러 가지 생각하다가 이렇게 블로그에 쓸 내용도 얻고 있고요.

다상량을 하다 보니 다작도 하게 되었네요. ^^

마음-050
어떻게 바라보느냐에 따라

껌껌한 공간,
어둑어둑한 공간에서
밥을 먹어야 하는 상황입니다.

불을 켜도 되지만,
나 하나 밥 먹자고
불을 켜기가 어렵네요.
어디에서 불을 켜야 하는지도 모르고요.

그래서 눈을 감고 밥을 먹어보았습니다.
눈 안 보이는 이의 마음을
조금이나마 느낄 수 있는
시간이 주어졌네요.

고추장 불고기를 먹는데
불고기가 조금 탔어요.

탄 음식은 몸에 안 좋지만
약간 탔으니 숯불갈비 맛이 납니다.
조리하신 분이 실수로 그러하신 듯하지만
옆 사람은 이렇게 조리하면 어떡하느냐고 하지만

오늘은 색다르게
숯불갈비 맛을 선사해주셔서 괜찮습니다.

어떠한 안 좋은 상황에서
긍정적인 요소를 발견하면
덜 힘들게 느껴집니다.

이런 성향으로 태어나게 해주신 분께
감사함을 느끼며. ^^

마음-051

잠은 소중하지만

잠은 소중하고,
꼭 필요하다고 생각합니다만

그래도
여유시간에 책을 본다든가,
취미생활을 즐기는 이가
더 많아지면 좋겠네요.

매번 볼 때마다
잠을 자고 있으니
아쉬운 마음이 들어서요.

특히나
나이가 50대, 60대라고 해서
내가 무언가를 이룰 가능성은
적다고 생각하지 않고,
조금 더 시도해보면 좋겠습니다.

마음-052
마시멜로를 참고 있어요.

[마시멜로 이야기, 호아킴 데 포사다-엘런 싱어 지음, 한국경제신문, 2005]를 보면
　마시멜로를 15분간 참는 아이에게
　상으로 마시멜로를 하나 더 준다고 했을 때,

　참은 아이는

참지 못한 아이보다
스트레스를 효과적으로 관리하는 등
잘 성장하고 있었다는 실험 결과를 이야기해요.

이 책은 작은 만족과 유혹을 참고 견디면
그 보상이 꼭 돌아온다는 굳건한 믿음을 이야기하고 있어요.

이 책을 보았을 때
전 많이 아쉽고,
사실 슬프기도 했어요.
제가 마시멜로를 참지 못했던 일이
떠올라서요.

더 빨리
이 책을 봤더라면
어떻게 변화했을는지는 모르겠으나
그래도 더 일찍 보았다면 좋았겠죠.

지난날을 아쉬워하기도 했지만,
지금은 마시멜로를 참고 있습니다.
제 소망은 '엄마, 아빠'와 함께 사는 것,
제 꿈을 이루는 것이라서

지금 당장은
하고 싶은 일도 줄이고,

가고 싶은 곳과 노래방 가는 것을 줄이고,

부모님 만나는 횟수도 조금 줄이며
제가 하는 일에 더 집중하고 있습니다.

당장 참고 있는 것이
미래를 위해 장기적으로
낫다고 생각해서 그러하고 있습니다.

조금 힘들기도 합니다.
만나고 싶은 사람을 만나지 못하고.
쉬는 날 없이 일을 계속하는 것이.

하지만
참는 과정, 성숙해가는 과정이
고통스럽고, 힘들기만 한 것은 아닙니다.

그래도 즐거움이 많기에,
내가 좋아서 선택한 것이기에,
내 꿈을 위해서이기에

인내하는 과정,
마시멜로를 참는 과정이
힘들지만은 않습니다.

지금 참고 있는 과정이
나에게 더 긍정적인 결과가 오길 기원하며
설령 오지 않더라도
즐거움이 있었기에 괜찮아요. ^^

마음-053

우렁각시가 있다.

며칠 전
내 곁엔
우렁각시는 없다고
생각했습니다.

5분 동안
잠시 처리할 일 하고 돌아오면
혹시 누가 이걸 도와주지 않을까?

그곳을 지나가는
사람이 별로 없기에
그건 기대하기 어려운 상황이었는데
해결 안 되어 있으니

'역시 우렁각시는 없어.'
라고 생각했어요.

어떤 일이
내가 해야 할 일이라고
주어졌는데

자주 내 일을 해주는 이가 있습니다.
누군지는 모르겠지만.

내게 주어진 일이지만
같이 해주면 좋은 일이고,
사실 같이 하는 것이
맞기도 하지만요.

그 일이
시간 여유로울 때
하는 것이 아니라

5초, 10초가
아쉬운 순간에
해야 해서
그 일을 누가 해주면
제가 편하거든요.

그래서
누군지 모를 우렁각시에게 감사함을 느낍니다.

내 일 아니면
안 하는, 관심 안 가지는
사람이 많다 보니

자신을 위한
일이었을지라도
우렁각시, 우렁남편.
고맙습니다.

* 농부가 일을 하러 가면 밥을 차려 놓는 우렁각시가 있다는 만화를 본 것이 기억나네요.

마음-054
점점 나아지도록

누가 객관적으로 평가하는 건 아니지만
스스로 평가하기에
제 글이 좋아지고 있다고 생각해요.

시간이 점점 흐르며
더 많이 읽고,
더 생각하고,
더 쓰다 보니

글이 조금씩 나아지고 있다고
혼자 생각했습니다.

나이 드는 것을
좋아하는 사람은 많지 않잖아요.

그런데 이렇게
매일 시도하고, 노력하다 보면

나이 들어
내 글이 더 좋아질 거라 생각하니
많이 기쁜데요. ^^

글을 적다 보면
자아성찰 효과도 있어서
사람도 더 괜찮아진다고 생각하고요.

나이 드는 것이
그렇게 두렵지 않고요.

나이 먹으며
점점 더 나아지도록
오늘도 열심히! ^^

설령 나아지지 않더라도

이해해주시길 바라며.

마음-055
글의 효과

어떤 결정을 내릴 때
저는 적어보고, 여러 가지 생각을 다 써본 뒤에 결정을 내리는 것이 익숙합니다.

머릿속에 뒤죽박죽인 생각이 잘 정리되는 느낌을 받아요.
그래서 더 나은 선택을 할 수 있습니다.

어떤 결정을 급하게 내리고 나서도
이 결정을 잘한 것인지 생각할 때도
글을 적어두고 살펴보면 좋습니다.

내 마음의 생각을 글을 통해 정리하고 나면
그 생각을 조금 더 행동으로 실천하게 될 수 있습니다.

누군가의 아쉬운 행동을 통해
'나는 그러지 말아야지.'
이렇게 생각한다면 그것을 행동에 옮기기 더 쉽더군요.

어떤 교훈을 얻어

그걸 적어두고, 가끔 살펴보면서
교훈을 실천해가는 사람이 되어가고 있었습니다.

머릿속에 생각이 체계적으로 정리되지 않다 보니
종이에, 문서에 생각을 적어두고, 보면
저는 좋은 결정을 내리고, 더 나은 사람이 될 수 있습니다.

마음-056
여기 가만히 있어.

아이에게
"여기 가만히 있어.
엄마는 일 보고 올게."

이런다고
아이가 가만히 있기를
기대하기는 어렵네요.

어른도
10초의 시간 동안
가만히 있기 힘든데

어린이에게
10초, 30초, 1분의 시간 동안

처음 보는 장소에서
가만히 있으라는 건 힘든 일이죠.

아이랑 엄마랑
같이 가서 일 보는 것이
더 괜찮겠다는 생각이 들었습니다.

일 보고 나서
아이가 그 자리에 없어
아이 찾느라 시간이
더 걸릴 수도 있겠네요.

대다수 어린이는
호기심이 많아서
엄마가 처리하는 일 보러 따라가고 싶고,
가만히 있지 않고 더 알고 싶으니까요.

> 마음-057

어른이 되며 달라진 점

하나. 조성모 님의 '가시나무'를
최근에 듣는데요. 노래가 좋아요.
전 예전 노래를 많이 듣는 편이라서요.

이 노래 처음 들었을 때는
그렇게 좋은 줄 몰랐어요.

둘. 김치찌개에서 고기보다 김치가 더 좋아요.
어릴 때는 고기를 더 좋아했던 것 같아요.
이건 기억이 조금 흐릿하나.
내가 맛없는 고기가 들어간 김치찌개를 먹어서 그런가.

닭볶음탕에서 닭보다 감자가 맛있을 때도 많고요.

셋. 어릴 때는(10세 이전에는)
쌍꺼풀이 있는 사람,
조각 같은 사람이
미남이라고 생각했었어요.
그런데 미남의 기준이 바뀌네요.

구체적으로
유명인 이름을 이야기하기는 그렇고,
편안한 인상의 지적인 느낌의 사람이
미남이라는 생각이 들더군요.

넷. 재미없고, 지루하게 느껴지던
뉴스가 재미있게 느껴지게 되었고요.

다섯. 부모님을 더 생각하게 되었어요.

철이 더 들어서 그런가
(어릴 때도 철들었다는 말은 들었지만)
예전보다 부모님을 더 많이 생각하게 되네요.

마음-058
힘들 때는 폭풍 작업을

스트레스를 많이 받고,
힘든데 어떻게 해소할 방법은 없고.

그러다 할 일이 많으니
할 일을 미루지 않고 했습니다.

폭풍 흡입이라는 말이 있잖아요.
폭풍 일. 폭풍 작업이었습니다.

해야 할 일을
많이 했다는 생각에
후련합니다.
속이 시원하네요.
기분이 나아졌습니다.

힘들 때는
폭풍 작업을 해야겠습니다.

수면도 효과적이고요.
잘 못 마시는 술로 풀지 말고.

예전에
오래간만에 손빨래를 하니까
그것도 괜찮았어요.

손으로 빡빡 문지르고,
땀이 흐르면서

살림하며
스트레스가 풀린다던
누군가의 말이
이해가 되었습니다.

* 며칠 전에 들은 노래 중에 이현도 님의 '폭풍'이라는 노래도 있더군요. 처음 들은 것 같은데 좋더군요. 폭풍 작업할 때, 작업 후에 들어야겠어요.

마음-059
궁금한 것이 많기에

당장 쉬는 것,
자리에 눕는 것보다

뭔가 더 알고 싶고,

더 쓰고 싶고 그렇습니다.

그래서
더 늦게 잘 때도 있고요.

알고 나서
누우면
그것에 대해 생각해볼 수 있어요.

그래서
눕기 전에,
쉬기 전에
궁금한 것을 해결합니다.

마음-060
스마트폰 밥 주는 것은 힘들어요.

저는 스마트폰도 쓰고,
예전에 쓰던 폴더형 휴대전화도 쓰고 있습니다.

폴더형 휴대전화는
스마트폰 배터리가 다 되어
시간을 볼 수 없을 때
쓰기도 하고,

무엇보다 알람 기능을
유용하게 쓰고 있습니다.
알람시계가 고장 난 뒤에
쓰고 있는데 참 좋아요.

계산기 기능도 가끔 이용하고요.

폴더형 휴대전화는
2~3일 만에 충전해도 되었고,
충전 시간도 매우 빨라서 좋다는 것을
이번에 다시 생각하게 되었습니다.

스마트폰은
배터리가 빨리 닳는 것이
아쉽잖아요.

우리는 스마트폰의 주인이자 엄마로서
기력 떨어지지 않게
밥을 잘 줘야 하잖아요.
밥 주기가 쉽지만은 않은 일이죠.

그러고 보니
엄마는, 주부는
가족 밥을 차리고자
오늘도 쉬지 않습니다.

새벽에 출근하는 이가 있다면
그보다 먼저 일어나
쌀을 씻고, 찌개를 끓입니다.
1년 365일 쉬는 날은 없어요.
밥을 안 먹는 날이 없으니.

스마트폰의 엄마가 되어
밥을 주는 일을 하다 보니
항상 밥을 차리셨던
엄마의 노고를 더 알게 되었네요.

엄마~ 사랑해요.
효도할게요~!

* 살림 담당하는 곳곳의 남성분도 고맙습니다.

마음-061
부탁을 많이 받는다는 것

'타인에게 부탁을 많이 받는다는 것은
본인을 의지한다는 것이다.'
이런 글을 보았습니다.

저도 부탁을 조금 받는 편인데요.

어느 순간에는 부탁받는 것이 안 좋더라고요.

내 일도 있는데
일이 추가되기도 하고.
번거로워지기도 하고.
내가 그렇게 쉽게 느껴지나 하는
생각도 들었습니다.

저 글을 보니까
그래도 저를 의지하고 있다는 좋은 뜻이네요.

저도 부탁은
들어줄 만한 이,
믿음이 가는 이,
착한 이에게만 하니까요.

되도록 부탁하지 않고
살려고 노력하고 있고요.

가끔은
이 사람은 나에게 부탁할 때만
다가온다 싶은 경우도
주변에 있지만

부탁받는 것을

나쁘게 생각하지는 않아야겠어요.

그래도 적절하게 가려서
해야겠다는 생각이 드네요.

부탁을 못 들어준 상황이
몇 번 있는데
마음이 안 좋아서
결국은 들어줄 때가 많을 듯싶지만.

마음-062
오늘도 사고쳤어요.

나쁜 일은 계속 연속해서
일어나나 봅니다.

안 좋은 일이 있어
기분이 안 좋은데

또 일이 안 풀립니다.
사고를 쳤습니다.

5초 사이에 일어난 일인데
수습하느라 몇 십 분이 걸리네요.

오늘의 상황을 떠올리니
'사고는 짧고, 수습은 길다.'
라는 말을 생각하게 되었네요.

앞으로
사고를 일으키지 않도록
해야겠어요.
수습이 기니까요.

제가 사고를 많이 일으킨다고
생각하지 않으려고요.
누구나 이 정도의
사고는 있다고 생각해야죠.

내가 사고 많이 일으킨다고
생각하면
자책감이 드니까요.

괜찮아.
이 정도의 실수는. ^^

`마음-063`
좋은 경험이 될 것 같았기에

시장에서 물건을 팔고
싶었던 적이 있었어요.

내가 사는 동네엔
내가 아는 내 나이 또래가 없었고,
뭔가 해보고 싶었어요.
비록 실천은 하지 못했지만.

내가 아는 또래가 있었어도
해보고 싶었을 거에요.

이때까지 해본 적 없는 일은
시도해보고 싶고.
난 참 용감하기도 하네요.

주변 사람이 직접 지은
농수산물이든,
여러 물건이든
정보를 정확히 알고 가서

여러 가지 잘 설명해주면서
합리적인 가격에 팔아보고 싶었어요.

파는 데 어려움을 겪는
노인분에게
도움이 될 수 있겠네요.

나에게 일당 그런 것 안 줘도
시장에서 물건 판 것으로도
난 좋은 경험이라고 생각하니까요.

오랫동안은 못하더라도
여러 가지 일을
조금씩 다 겪어보고 싶어서요.

 마음-064
내 기획의 힘은 호기심과 사랑

무언가를 보며 느끼고,
그걸 글로 풀어내는데

글을 쓰는 작문능력과
소재를 찾는 발상, 기획력이
중요하다고 생각을 했습니다.

글을 쓰는 작문은
지금도 그렇게 쉽지 않다고

생각하고요.

학교 다니며
국어 시간과 백일장 같은 곳에서
항상 열심히 참여하려고 해서
많이 나아졌다고
지금의 작문능력을 갖추게 되었다고
생각을 해봅니다.

글을 쓸 때는
수식어를 많이 붙이지 않고
누군가에게 보이는 글이라
생각하지 않으려고 합니다.

가끔 다른 이의 글을 보다 보면
'잘 쓰려고 한 듯한, 포장한 듯한 글이다.'
싶을 때가 있어요.
제 글 속에서도 그런 걸 느끼셨다면
저도 더 노력해봐야겠네요.

제 글 속에서
진정성, 진심이 느껴지길 바라고 있습니다.

중요한 것!
저는 작문능력보다

발상, 포착력, 기획력이 더 좋다고
스스로 생각하는데요.

이건 어떻게 길러진 걸까 생각했습니다.
주어진 재능일까 싶었는데
이것은 하늘이 준 재능이라 말하고 싶네요.

주변에 대한 호기심과
그것에 대한 사랑, 애정.
이것이 주변에서 소재를 찾는 비결이라
여깁니다.

이건 이렇게 태어난 것과
커나가며 길러진 것이 합쳐졌다는 생각이 들어요.
호기심 가진 성격으로 태어나
그걸 계속 이어왔고요.

주변에 호기심을 가지고
살펴보는 것은 재밌기도 하지만
힘들 때도 있어요.

좋은 생각이 떠오르면 그걸 늘 적고,
글로 이어 나가는 삶이
그렇게 쉽지만은 않으니까요.

이번에 이렇게 글을 쓰며
저에 대해, 저의 재능에 대해
더 생각해볼 수 있었습니다.

세상을 더 관심 있게 바라보고,
애정의 눈길을 발사해야겠어요.
그리고 작문능력을 더 키울 수 있도록
글을 항상 써야겠어요.

주변에서 소재를 찾는 힘이
다른 사람에 비해 부족하다고 느끼실지라도

작문능력보다는 우수하다고 생각한다는 것,
저의 재능 중에서는 괜찮은 재능이라는 것을
이해해주시길 바라며.

그리고 오늘도
좋은 발상을 떠올리게 해주신
하늘에 감사한 마음을 전하며.

골을 넣고 골 세러모니하듯
저도 좋은 생각이 떠오르면
기도를 하려고요.

* 골 세러모니를 골 뒤풀이로 쓰는 것이 좋다고 하네요. 뒤풀이가 바른말이라는군요.

> 마음-065

삶이 유한하기에 오늘도 열심히

그렇게 여유가 많지 않음에도
블로그에 매일 글을 적고,
좋은 소재를 찾아보고.

이렇게 살아가는 건
삶이 유한하다는 생각을
자주 하기 때문입니다.

아직 젊은 나이라지만
건강하게 살아서
느끼고, 깨닫고, 글을 쓰기엔
시간이 많지 않다고 생각합니다.

그래서 오늘도
깨어있는 시간 더 열심히
무언가를 해보려고 하고,
읽어보려 하고,
좋은 생각을 얻으려고 합니다.

살아있지만
이젠 정상적으로 사고하고,
일하기엔 힘들 거라는

누군가의 이야기를 들으며
더 열심히 살아야겠다고 느꼈어요.

삶이 유한하기에,
시간이 넉넉하지만은 않기에
일을 열심히, 최선을 다해
하려고 하는데

생각해보면
사랑할 시간도 그렇게
많지는 않네요.

이젠 '사랑'도
더 열심히 해보려고요.

더 많이 사랑하고,
더 많이 아껴주고,
저도 사랑 많이 받고요.

이 글을 쓰며
일에다 사랑도 더 열심히
하겠다고 다짐해봅니다. ^-^

> 마음-066

알고 보면 행복한 애들 : 쓰레기를 치우면서

쓰레기야.
쓰레기봉투를 거쳐
이제 머나먼 곳으로 떠날 애들.
보내줘야 할 애들.

이젠 안녕.

쓰레기봉투라는 관에 들어가
여러 사람의 도움으로
쓰레기매립장이라는 묘지로 가서
이젠 묻히겠지.

쓰레기라는 이름이
안 좋다고 느낄 수 있지만

알고 보면 행복한 애들.
제 소임 다하고,
이젠 푹 쉴 애들.
영면할 애들.

수고했어.
널 부러워하는 사람도 있다는 것을

기억하렴.

난 네가 그렇게 부럽진 않구나.
내 소명을 다하고 먼 훗날 가야 하거든.

* 바로 오늘(9월 12일) 쓰레기를 치우며 이런 생각이 들었습니다. 예전부터 쓰레기봉투에 쓰레기가 들어가면 '이젠 안녕'이라는 생각이 들었어요. 그래서 이런 글도 나오게 되었네요.

마음-067
미인이 개그맨에게 반한 이유를 생각하다.

저는 앞서 글에서도 말했듯
개그 욕심이 있어요.

제가 하는 말이,
행동이 웃긴다고 이야기해주는
몇몇 이가 있으면
저도 재미있고, 기분이 좋습니다.

제가 개그를 하려면
주변을 잘 관찰해서 소재를 찾고,
재미있는 내용을 들어보기도 해야 해요.

그리고 그걸 잊지 않도록 적어두고,

다시 기억하도록 가끔 살펴보았다가
웃음이 많은 상대를 만나면
재미있게 해주는 것이죠.

몇 달 전 'EBS 북카페'라는
라디오를 듣다가
진행자인 김학도 님이
전유성 님이 하셨던 말을 꺼내셨습니다.
"이 엘리베이터는 짝수 층만 내리는 거지? 근데 1층에도 내리네."

사람들은 잘 인식하지 않는
전유성 님만의 기발한 생각이었고,
김학도 님도 기억하셨다가
적절한 타이밍(시기)에 하시더군요.

여기서 저는 알았습니다.
개그도 노력인 것을.
저 같은 비슷한 노력을 하셨으리라 생각했죠.

개그맨은
미인을 얻는다고,
미인에게 사랑받는다고 하잖아요.
많은 사람은 그걸 단순히 개그맨이
'웃겨서, 재밌어서'라고 하는데요.

개그를 하기 위해선,
재미를 주기 위해선
노력이 필요하고,
부지런함이 필요합니다.

때로는 그렇게 재미있지 않을 때가 있어도
나를 위해 이렇게 준비해왔다는 걸 알기에
미인도 감동한 것이겠죠.

오늘도 누군가를 웃기고자 노력하는 개그맨은
성실함과 부지런한 자세가 있기에
미인이 반했던 건 아닌지 생각하게 되었습니다.

미인을 얻고 싶다면
꼭 재미있는
사람으로 태어나야 한다,
개그감이 있어야 한다고는 생각하지 않아요.

개그삼이 몸 안에 딱 없어도
재미있는 개그를 연습한다면,
생활 속에서 열심히 살아간다면
미인도 부지런하고, 노력하는 사람에게 반하지 않을까요.

* 개그맨에게 초점을 맞추었는데요. 개그우먼에게도 미남이 반하겠죠. 난 개그우먼은 아니지만, 개그를 좋아하는 사람이니 나에게도 기회가?! 제가 그렇다고 미남을 엄청나게 선호하는 건 아니에요. ^^;;;

> 마음-068

일을 잘하는 비결은 뭘까?

오늘 떠오른 건
열심히 하다 보면
잘하게 되지 않나요.
열심히 하는 사람이 잘하는 경우가 많고.

의욕이 있다는 것,
열정이
잘하게 되는 비결이라 생각했습니다.

> 마음-069

그래도 내 길을 가야겠지요.

저는 그림, 미술을 매우 좋아합니다.
미술관에 자주 가고 싶어 하고요.
학교 다니며 미술 시간을 국어 시간보다 좋아했어요.

미술대학에서 그림 공부를 하고 싶기는 한데.
듣고 싶은 수업만 듣고 싶은 마음이 있어요.

미술에 큰 재능이 있다고는 생각하지 않았었는데요.
(최근에 재능이 없는 분야도

어떤 선생님을 만나, 어떻게 배우느냐에 따라
재능을 재발견할 수도 있다는 걸 알았기에
이젠 어떤 것도 재능이 부족하다고 단정하지는 않으려고요.)

살아오며 내가 가진 최고의 재능은
말하고, 글 쓰는 것으로 생각합니다.

글을 쓰고,
블로그에 이렇게 글을 올리는 것은
나에 관해 이야기해야 하기에
나를 이야기할수록 두려운 마음도 있습니다.

블로그 처음 시작할 때
이렇게 써놓았더군요.
'신중하게 쓰자.'

나에 대해 말할수록,
이번에 방문하신 분이 많아지면서

실수한 것은 없었는지,
나를 너무 많이 알린 것은 아닌지 싶었습니다.

제가 가장 많은 이 앞에서 발표한 것은
몇 년 전으로 200명 정도의 사람이 있었어요.
하루에 1,000명이 넘게 내 글에 주목하니

기쁘면서도 두려웠어요.
글을 적는 이유는
내 가장 큰 재능을 활용하고 싶기 때문이지요.

이 재능을 발휘하는 것은
저의 자아성취적인 면에서도 좋고,
사회에도 조금은 도움이 될 거로 생각합니다.

개인이 재능을 발견하고, 성취하는 것은
자신만을 위해서가 아닌 사회에도 도움이 된다는
어떤 글귀가 글을 쓰도록 이끌었습니다.

저의 주어진 재능을 살려
주변을 관찰하고, 생각하고, 글을 쓰는 것이
가끔은 힘들 때도 있지만

그래도 지금으로써는 해야 한다고 생각하기에
매일 해도 또 하고 싶기에
오늘도 글을 적어 나가겠습니다.

교훈적인, 긍정적인 마음을 가지고 태어난 것도
저란 사람의 가장 큰 장점이라 여기며
힘내서 나아갈게요.

`마음-070`

마음이 이끄는 대로

이것저것 많이 듣고, 보려고 했었어요.
그것이 무엇을 얻게 해줄 거라고 길게 생각하지는 않고,

강의를 듣는 것이,
내가 좋아하는 사람이 말하는 것을 듣는 것이 좋았습니다.

그렇게 살아왔던 것이
지금의 글을 쓰게 해준 힘이라는 것을 깨달았습니다.
TV에 주철환 님이 나오셔서
지역 방송국 홈페이지 들어가서 들었던 주철환 님의 말씀도,
작곡에 관심 있어 들었던 신사동호랭이 님의 이야기도,
영화 '번지점프를 하다'의 작가인 고은 님의 이야기도,

항상 즐겁게 들으며
적고, 정리하며
내 마음에 남아있던 것들이
내 글을 풍부하게 해줬다는 것을.

그래서 이렇게 쓸 말이 많은가 봐요.
내가 즐겁게 했던 자율 학습은
그 당시 무언가를 얻게 할 거라는
믿음과 확신은 없었지만

이렇게 나를 채우고,
나를 더 행복하게 했으며,
나를 글 쓰게 했습니다.

조금 더 성과가 있다면
그때는 자신 있게 말할 수 있겠죠.

자신의 마음이 이끄는 대로 따라가라고. ^^!

마음-071
마음을 끄는 능력이 있는 사람

능력 있다고 말을 듣는 이.
인간미가 부족해 보이네요.
호기심이 가서 알아갔지만
이젠 그렇게 좋지 않군요.

능력이 많지 않다고
사람들이 말해도
인간미 있는 사람이 좋아요.

착한 사람, 정 많은 사람이
나에겐 사람의 마음을 끄는 능력이 있는 사람이고,
매력이 많은 사람입니다.

> 마음-072

하루가 24시간보다 길다면

하루가 24시간이 아닌
더 길었으면 싶을 때가 있었습니다.
더 많은 것을 하기엔
하루가 부족할 때가 있었어요.

그런데 하루가 더 길어지고,
일을 많이 하면 인간이 힘들어지니

적당히 쉬는 것도
필요해서 하루는 24시간이 좋은 이도 많겠지요.

하루가 30시간, 48시간이라면
너무 길다고 생각하지 않았을까도 싶어요.

그래도 하루가 더 길고,
잠이 줄어들면 좋겠군요.

> 마음-073

일 시키는 것을 안 좋아해서

조금 아픈 것으로는

누구에게 내 일을 대신하게 하는 것이
안 좋다가 아닌 싫습니다.

이때까지 죽기 전까지
아픈 적도 없고
내 일을 다른 이에게
하게 한 적은 없다고 봅니다.

그 사람을 못 믿는 것이 아니라
누군가에게 '일을 시킨다.'는 것이
좋지 않습니다.

내가 할 수 있다면,
많이 힘들어도
내가 해결하는 것이 좋습니다.

그리고 누군가에게 일을 시키는 건
혹여 그의 자아존중감이 상할까 봐
하지 않으려 합니다.

누가 저에게 일을 시킬 때
자아존중감이 다칠 때가 있더군요.

마음-074
자랑한 것 같아서요.

글을 쓰다 보면
자랑 아닌 자랑을 하게 되는 것
같을 때가 있어요.

그래도 솔직하게
부족한 부분도 이야기하려고 하는데

자랑으로만 느껴진 건
아닌가 싶을 때가 있어요.

'난 괜찮은 사람이다.'
이런 말이 조금 나온 듯싶어서. ^^;;

살아가며 누군가의 아쉬운 모습을 보면
'나는 그러지 말아야지.'라고 생각하며
그러지 않으려고 하고,

내가 누군가에게 배려받고 싶은 대로
누군가에게도 해주려고 하는 것이니
자랑으로 느끼지 않으셨으면 좋겠네요.

단점도 많은 사람이지만

그래서 그걸로 자책하기도 하지만
실수를 하면 반성하고 나아지려고 하고 있습니다.

> 마음-075

선수로서 그라운드를 누비며

하루를 열심히 보냈느냐, 아닌가를
생각할 때 가치 있는 생각을 했느냐, 안 했느냐로 결정하는데요.

'가치 있는 생각'이란
내 삶에 도움이 되는 매우 좋은 생각,
글쓰기에 적합한 유익한 생각을 말하지요.

'유효 생각'이라고도 말해요.
효과 있는 생각이라는 말로 제가 만들고, 쓰는 말이지요. ^-^

나는 선수이자, 심판이기도 해요.
그래서 그라운드를 누비는 선수처럼
오늘 하루 '가치 있는 생각'을 해야 하고,

스스로에게 '가치 있는 생각'을 했는지,
안 했는지 판단하기도 하죠.

하루 동안 좋은 생각이 떠오르지 않아서

아쉬울 때도 있지만.

오늘도 그라운드를 열심히 누비겠습니다.
그리고 조금은 냉정하게 판단하겠습니다. ^^;;;

'유효 생각'을 많이 하길 바라며.
그래서 블로그에 멋진 글을 공개할 수 있길 바라며.

마음-076

이 세상에 내려온 이유가 있을까?

종종 하는 생각이지만
난 이 세상에 어쩌다 내려온 것일까?
세상에 내려와 사람에게 상처받고, 힘든 것일까?

책 [사람은 무엇으로 사는가, 톨스토이 지음, 러시아 소설, 1885]에서
미하일은 하느님에게 벌을 받아
세상에 내려온 천사인데.

나도 신의 사랑을 받다가 실수가 있어
어떤 목적을 지니고 세상에 온 사람은 아닐까?

마음-077
내가 나에게 하고 싶었던 말

며칠 전 책을 인터넷 서점에서 주문했어요.
받는 사람에게 '주문자가 전하는 말'을 적는 공간이 있더군요.

내가 주문하고, 내가 받는 것이지만
이런 기회가 주어졌을 때, 지나치지 않기에
잠시 생각하고, 적어보았어요.

책을 받고 나니
'내가 나에게 하고 싶었던 말'이 인쇄됐어요.

생각하던 바가 직접 인쇄된 것을 보니까
느낌이 많이 다르더군요.

내가 나에게 쓴 말,
이 글을 보는 이에게도 하고 싶은 말은 이것입니다.

"항상 행복하길. 꿈을 이루길 바랍니다."

> 마음-078

하늘이 감동할 날이 올까요.

지금 나는 많이 노력하고 있다만.
그래서 어떨 때는 일이 많아 조금 지치기도 하지만.

사실 내 꿈은 크기에,
내가 되고 싶은 사람이 되기엔
이 정도 노력으로 조금 부족하지 않나 싶은 생각이 들더군요.

내가 한 노력이
큰일을 이룬 사람의 노력에 비해서는 부족하다 싶으니
이 정도로 최선의 노력을 하고 있다고는 할 수 없네요.

하늘이 감동할 만큼의 노력을 하는 날이 올까요.
모든 일에 조금의 아쉬운 마음도 들지 않도록 해보려고요.

조금 더 나를 위해, 내 미래를 위해,
그리고 내가 도울 이들을 생각하며 힘내겠습니다.

> 마음-079

가능성의 문은 열리고 있어요.

가끔은 힘들어요.

노력해도 무언가 눈에 나타나는 것이 없을 때.

그래도 가능성은 커지고 있네요.
점점 나아지고 있습니다.
스스로 위로를 해야지요.

이 생각을 하고 있는데
'네이버 포스트 작가' 독자가 한 분 늘었습니다.
총 4분. ^^;;;;

조금 전 '네이버 포스트 작가' 화면으로 이동하고
이 글을 쓰고 나서 바라보니까요. 정말 영화 같네요.
(사실이에요. ^^)

그나저나 '네이버 포스트 작가' 결과는 언제 나올까요.
내 글은 감각적인 것보다 마음을 담은 감동을 주고 싶은 글인데. 풋.

기대하지 않으려고 해도,
생각하지 않으려고 해도
자꾸 기대하게 되네요. ^^

이렇게 기대하다 수상하지 않았던 적 참 많았는데요. ^^;;;
그래도 결과를 기다리는 과정이 설레고, 좋아요.

> 마음-080

함께 나아갈 힘을 주는 달

작문(作文)은
글을 만든다, 글을 쓴다는 뜻이지요.

작문을 생각하다 작(作)-문(moon, 달)이 떠올랐어요.
이런 뜻은 아니었지만요.

그러니 달을 만든다는 것이죠.
나는 실제로 달을 창조할 수는 없지만,
달을 만든다는 의미는 나를 환히 비춰주는 무언가를 만든다는 것이에요.

글을 쓰는 것은
나를 비춰주는, 내 곁에 있어 외롭지 않게 해주는,
쓸쓸하지 않게 함께 나아갈 힘을 주는
달을 만드는 것이라 오늘 생각했습니다.

> 마음-081

"보고 싶어요."라는 말 속에는

마음이 지치고 힘들 때
'힘들어요.'라는 말은 꺼내지 않고

"보고 싶어요."라고 말했어요.
'나 오늘 힘들었어요. 보고 싶은 당신이 있어 힘들어도 견디고 있어요. 오늘따라 더 보고 싶어요.'
이 말까지는 하지 않은 채.

그리고
"사랑해요."라는 말로도 대신합니다.

누군가의 "보고 싶다.", "사랑한다."는 말.
어쩌면 힘든 상황인데 나를 안아달라는 말일 수 있어요.

> 마음-082

적지 않으면 날아가 버려요.

누구나 경험하며 얻는 것, 깨달음이 많을 텐데요.
깊게 생각하지 않거나, 적지 않으면 좋은 생각이 증발해버릴 때가 많아요.

잠자기 직전에 쓰고 잊었던 며칠 전의 내 노트의 메모.
이렇게 쓰여 있네요.

"힘든 순간도 있으나
그래도 즐겁다."

적지 않았다면 그때의 마음을 잊어버렸을 겁니다.
이렇게 적어두어서, 공개할 수 있어서
내가 더 행복한 마음으로 살아갈 수 있겠군요.

마음-083
가치가 덜한 글, 가치가 적은 삶이라 말하지 마요.

정성껏 달아준 답글 속에서,
자신은 글 잘 쓰지 않는다고 말하는
이웃 블로거의 맛집 이야기,
누군가의 일상 이야기, 놀러 간 이야기에서도
전에는 생각하지 못한 좋은 생각을 얻게 되네요.

내가 모두 다 경험해볼 수 없기에
다른 이의 생각을 통해 알게 되고, 내게도 도움이 되지요.

블로거가 블로그 글로 표현해야겠다고 생각하고, 글을 올렸다면
전하고 싶었던 것이 있었을 것이고,
그러기에 모든 포스팅이 가치 있다고 생각해봅니다.

내가 보는 모든 것, 내가 생각하는 모든 것이
글을 쓰게 하고, 나에게 많은 도움이 됩니다.

그러니 가치가 덜한 글,

가치가 적은 삶이 있다고 쉽게 말할 수 없다고 생각합니다.

> 마음-084

찰나의 행복과 오래 갈 고마운 마음 사이에서

내가 좋아하는 걸 사서 먹을까 하다가
다른 이도 좋아하는 걸 사서 나눠 먹어야겠다고 생각했어요.

나 혼자 맛있는 걸 먹으면 맛있지만, 그 순간은 찰나입니다.

그러나 나눠 먹어서 그 사람이 나에게 고마운 마음을 가지고,
그 마음이 오랫동안 지속될 수도 있습니다.

그리고 이번 기회에 더 친해진다면 우리 사이는 평생 갈 수도 있겠지요.

* 물질을 나눠줘도 고맙다고 생각하는 마음이 순간뿐인 사람도 있었다만. 그래서 그 사람에게 실망하기도 했지만.
* 당부 사항 : 내가 원하지 않은 결과를 얻을 수도 있습니다.
* 저는 많은 것을 나누지는 못하고 있어요. 요즘 나누려고 노력하고 있습니다. ^^;;;

> 마음-085

몇 초는 기다려줄 여유가 있을 텐데요.

가끔 통화나 대화를 하다 보면

이제 용건이 끝났다고
빨리 마무리하는 경우가 있는데

아무리 급한 일이 있어도
그런 모습이 좋아 보이지 않을 때가 있습니다.

내 곁에 그런 친구가 있어요.
항상 나보다 전화를 늦게 끊는.
내가 전화를 끊어야 그제야 전화를 끊는.
그래서 내가 전화 먼저 끊는 것 들어야 끊는다고 했었지요.

할 일이 많은,
지체할 시간이 없는 바쁜 삶이라지만.
3~5초 정도는 기다려줄 여유가 우리에겐 있는데.
일 끝났다고 바로 헤어지지 않아도 되는데.

바쁘지 않다면 조금만 기다려주었으면 좋겠다는 생각이 들었습니다.
아직 할 말이 끝나지 않은 경우도 있고요.

마음-086

기대하는 마음을 가질 수 있다는 것만으로도 좋습니다.

기대하는 마음도
그래도 열심히 했기에,

기대해볼 만하기에 하는 것이었습니다.

가능성 0%, 가능성 10%로 보이면
기대하는 마음을 가질 수 없군요.

기대하는 마음을 가진 이 순간
희망을 품고 다른 일도 열심히 해보려고요.
다른 것도 기대할 수 있게요.

그리고 안 되어도 최선을 다했고,
기대할 수 있었음에 기뻐하며
좋지 않은 결과에 미련 없기를 바라는 마음입니다.

마음-087
식사 시간도 잊은 열정적인 그대

난 밥 시간, 식사시간을 참 소중히 여기는
밥 잘 챙겨 먹는 사람인데요. ^^;;;

밥 먹는 것보다
학습하는 것, 글 쓰는 것이 더 소중하고, 가치 있게 여겨질 때가 있어요.
밥 먹는 것도 미룬 채 글을 적고 있네요.

누군가는 게임으로, 누군가는 일로

식사 시간도 잊은 채 몰입하고, 열정을 다하고 있습니다.

그래도 '식사부터 하세요~!'
밥 먹으러 갑니다. ^^;;;

예전에 밥 먹는 시간이 줄어들었으면 좋겠다 싶은 적이 있어요.
밥 먹을 여유가 없던 적도 있어서요.
그래서 영양이 풍부한 알약을 먹어서 밥 먹은 것 같다면
좋겠다고 생각한 적도 있었지요.

마음-088
난 이루었습니다.

블로그를 개설하며
미래에 여러 가지로 하고 싶은 일이 많이 있었는데요.

많은 사람이 내 글을 읽는다면 좋겠지만
크게 욕심 내지 말고 내 글이 1명에게라도 도움되고,
적은 수라도 내 글을 열심히 읽어주길
바라는 마음이 있었습니다.

딱 한 번 내 공간에 오고 다시 안 올지라도
내 글이 조금이나마 도움이 되었을 수도 있겠죠.

내 글 열심히 봐주시는 분도 계십니다.
점점 늘어날 수도 있고요.

저는 성공이라는 말은 그렇게 쓰지 않으려 하지만
과정 중에 성공이라는 말을 하면 조금 그렇지만

이 정도면 무언가를 이루었다고, 성공적이라고 자축하려고 합니다.
누가 보기엔 이 정도가 뭘 이루었다고 할는지 모르겠으나

내 글을 봐주는 분이 있으니, 도움이 된다고 해주시니
내가 바라는 바를 달성했다고 생각합니다.

그래요. 난 이루었습니다. ^-^

가슴속에 큰 꿈은 아직 진행 중이지만
그걸 이루지 못하게 될지라도 힘들어하지 않으려고요.

지금 이렇게 내 글을
보여줄 수 있다는 것만으로도 감사한 마음 가지려고요.

올림픽에 출전하는 것만으로도,
국가대표가 되는 것만으로도
어떤 대회에 출전하는 것만으로도 무언가를 이룬 것이지요.

그에 비해서 내가 이룬 것은 '에게'라고 할 수 있지만

난 괜찮아요.

예전에도 몇 번 생각했던 것인데 이렇게 적습니다.

올림픽에 출전한 것만으로도 당신은 대단합니다.
어떤 시험까지 최선을 다해 준비한 것만으로도 당신은 승리했습니다.

꼭 우승해야만, 승리해야만,
결과가 좋아야만 이룬 것은 아니라 생각합니다.

당신의 노력과 열정은 당신을 빛나게 했습니다.

난 뜨거운 마음을 지니고
이 길에 실패해도 다른 길도 지금처럼 나아가겠습니다.

아직 많은 것을 이루지 않았다고 보이나
그래도 조금은 이루었다고
자축하며 맛난 것 먹을게요. ^^

* 예전에 썼었는데 조금 오글거려서 올리지 못하고 있었어요. 이 글을 다시 읽어보니 최선을 다했는데 결국은 성과를 얻지 못한 최근의 일이 떠오르면서 최선을 다한 것, 열심히 한 것만으로도 승리했다고 생각하게 되었습니다. 이렇게 글을 적지 않았다면 내 도전이 실패했다고 생각했을 수도 있으니 글의 중요성을 다시 느끼며, 항상 글을 써야겠어요.

마음-089

다양한 이야기를 앞으로도 블로그에 써볼게요.

내가 했던 다양한 것들.
자기소개서에 쓰기엔 너무 많았던 내용들.
그리고 써도 어떤 기업도 크게 관심 가지지 않았는데.
스펙이라 하기에도 그랬던 것들.
이곳에 쓸 수 있어 좋네요. ^-^

청강하다 모의면접 보았던 일.
공모전 콘테스트에서 질문하고 다 다쳐봐서 민망했던 일.
전단 돌린 일.

대학에서 했던, 일상에서 했던 일이
내 글을 채워주고 있습니다.

그런 경험들 이곳에 계속 써볼게요.

이젠 추억이 되어버린 예전에 열심히 살았던 나날들,
그리고 지금 이 순간 보고, 깨닫는 모든 것.

성실하게 살아간다면, 쉬지 않고 노력한다면
여러 개의 점을 만든 것이
어느 순간 연결이 되어 무언가를 얻게 되는군요. ^^;;

스티브 잡스 님이 떠오르네요.
잡스 님은 너무 빨리 하늘나라로 가셔서 아쉽군요.

마음-090
처음으로 잠을 안 자고 일해보았어요.

잠을 못 자고 일하느라 힘들었어요.
내가 기대한 상은 받지 못해 아쉽다만.
가능하지 않으리라 생각한 것을 완성했다는 것에 의미를 두어야겠어요.

살면서 처음으로 24시간 동안 잠을 안 잤습니다.
일이 있어도 1~2시간 정도는 잤으니까요.
상태가 안 좋으니 의욕이 많이 떨어지고, 생각도 잘 나지 않았다만.

그래도 이때까지 한 번도 하지 않던 24시간 동안 잠 안 자고
몰입하고, 최선을 다했다는 것,
어려운 과제를 해결했다는 것으로 기억에 남을 일이네요.

* 잠잘 시간까지 사용하면 쓸 시간이 더 많아지나, 다음날은 힘들어지네요. 잠자는 시간이 아깝고, 아쉬운 때도 있지만, 우리에겐 휴식도 필요하기에 잠잘 시간 있다는 것이 좋네요.

마음-091
부족한 점이 있는 인간이기에

제가 많이 좋아하는 분.
알고 보면 보이는 것과 다를 것이라고 하는 말에
충격을 조금 받았습니다.

제가 직접 확인한 건 아니니까
그렇게 쉽게 믿지 않기로 하고요.

그리고 우리는 신이 아니기에,
완벽하지 않기에,
흠이 있을 수 있으리라 생각이 듭니다.

그러니 그 말 듣고
제가 오랜 시간 좋아했던 사람에 대한 나의 마음을
한 번에 접지 않으려고요.

마음-092
나에게 꿈이란?

그리운 이를 만나 행복해지기도 하고.
슬픈 내면을 다시 꿈에서 알게 되고.
무엇을 걱정하고 있는지 알 수 있고.

힘들어도 내 꿈을 위해 오늘도 달려가고.
내가 바라는 꿈을 생각하며 오늘 웃음 짓고.
꿈을 향해 달려가는 과정이 쉽지 않아 슬퍼지고.

마음-093
비슷한 실수를 하기도 하지만

어떤 일이 예상했던 것처럼 잘 안 되고
내 부족한 점에 대해 반성하는 일이 자주 있다만.

이 상황에서 어떻게 해야 했는지 다시 한 번 살펴보고,
문제의 원인을 생각하고, 다시 그러지 말아야지 하면서도
또 비슷한 실수를 하기도 하지만.

그래도 조금씩 나아지고 있어요. ^^!

마음-094
0%

안 될 것으로 생각해도
시도하면 0%는 아닙니다.

시도하지 않으면

0%입니다.

`마음-095`
내가 안 된 이유를 알려주세요.

제안을 받아들일 수 없다고만 하지 말고,
제안을 받아들이지 못하는 이유를 알려주세요.

어디가 문제이고, 어디를 고쳐야 하는지.
더 이상 잘못된 길을 계속 가는 일이 없도록.

이런 건 없이 이유도 모른 채 차인 것처럼
나는 어떤 이유가 있겠지 하며 혼자 기억을 끄집어냅니다.

그리고 몇 번 생각해도 내가 그가 아니니
답을 정확히 모르겠고 그럴 것이라 추측할 뿐입니다.

제안을 한 사람을 생각해서
말하기 번거로워도, 이유를 알려주세요.

내가 도저히 참을 수 없어
알려달라고 하기 전에 그보다 먼저요.

최선을 다하고, 기대했는데 안 되면 매우 허탈합니다.

그렇다고 기대하지 않는 마음을 가지지 않기는 어렵네요.
그 마음이 있어 희망이 있는 거니까요.

◆

이건 노래 가사로 만든 것입니다. ^^;;

이유도 모른 채 차인 것처럼
나는 어떤 이유가 있겠지 하며 혼자 기억을 끄집어내.

몇 번 생각해도 난 그가 아니니
답을 정확히 모르겠어. 그럴 것이라 추측할 뿐이야.

프러포즈한 사람을 생각해서
말하기 번거로워도, 이유를 알려줘.

내가 도저히 참을 수 없어
알려달라고 하기 전에 그보다 먼저.

(쓰고 보니 랩으로 가능하겠더군요. 반말로 쓰면 랩이 되는 건가요? ^^)

> 마음-096

불타는 금요일에는 열정의 불꽃이 튀길

금요일은 '불타는 금요일'이라고 하잖아요.
토요일에는 회사에 안 가도 되는 이들이 많으니까요.
그래서 좋아하는 영화도 보고, 술자리도 잡고 그러는데요.

'불타는 금요일'인 불금에
일에 대한 열정으로 불타고 싶어졌어요.

토요일에도 가치 있는 일정이 있다면,
어딘가에서 내가 꼭 필요하다고 하면 좋겠다 싶었습니다.

저는 술자리보다는
치킨 먹는 그 자리가 좋아요. ^^;;

> 마음-097

알고 보면 당신을 생각해서 한 일이었어요.

무언가 잘못되어 간다고
화를 내면서 지적하는 사람을 보았습니다.

그 사람 평소 이미지가 나쁘지 않았는데.
인사도 열심히 하시고, 좋은 사람이라 생각되었는데.

누군가의 행동이
자신에게 약간의 해가 될 수 있는 상황이지만
자세히 살펴보면 자신을 위한 일이었습니다.
좋게 생각했던 마음이 사라지네요.

그 일이 있고, 몇 달 뒤 저도 그런 일을 겪었습니다.
알고 보면 그 사람을 위해서 힘들게 일을 했는데
그게 아니라고 화를 내는 모습을 보니
열심히 했던 의욕이 사라지고,
이젠 그만 관심 가져야지 싶었습니다.

무언가 잘못되어 가도
그 의도가, 마음이 자신을 위한 거였다면
뭐라고 하지 않았으면 좋겠네요.

그렇게 말하면 의욕이 상실되어
더 이상 도울 마음이 들지 않으니까요.

초등학교 들어가기 전쯤에
쌀을 씻다가 다 엎어버린 적이 있습니다.

엄마한테 혼나는 건 아닐까 걱정했었는데
다행히도 혼나지 않았습니다.
그때 기억이 아직도 남아있는데
엄마에게 감사한 마음을 지녔어요.

그때 많이 혼났더라면 위축되고,
다신 주방에 가서 설거지든 돕지 않았을 테고,
주방, 쌀을 보면 두려운 마음이 들 수도 있었겠죠.

알고 보면 도와주고자 한 것인데,
나에게 조금 피해가 오더라도 화내지 말았으면 좋겠네요.
마음이 돌아설 수 있으니까요.

마음-098
사람을 알아보고 사랑하려고요.

사실 아는 이는 없었겠지만,
주변 사람에게 배려해서, 마음을 쓰고 그랬었는데요.

내가 잘해주려고 노력하고,
싫은 소리 하려다 가도 참고 안 하려고 했었는데요.

그렇게 신경 써줘도
그들은 내가 그들에게 해줬던 그 마음을 잊고,
자신이 섭섭한 것을 이야기하고, 짜증을 냅니다.

내가 많이 줬다고 생각하는데,
그들은 조금 섭섭한 걸로 이야기하니 회의가 들더군요.
마음이 힘들었던 것은 이야기했었는데요.

그러던 중 이런 이야기를 들었습니다.

제자 번지와 스승 공자가 대화를 하다가
공자는 인(仁)은 사람을 사랑하는 것으로, 단 사람을 알아보고 사랑해야 한다고 말했다고 해요.

이 말을 들으니 공감하는 바가 많았습니다.
누구에게나 잘해주고,
나중에 그들에게 이렇게 해줬는데 하면서 섭섭하다고 생각하지 말고,
이젠 사람을 알아보고 사랑하겠다고요.

최근에 더 잘해줄 수 있는 상황이었지만,
마음 쓰지 않기로, 피곤해지지 않기로 했습니다.

나보다 나이가 많은 사람들은
이런 걸 깨닫고, 잘 모르는 누군가에게 무관심해진 걸까요?

마음-099

글쓰기에 대하여 : 목표지점까지 갈 길이 멀구나.

얼마 전에 유명인이 쓴 글을 읽어보았습니다.
그분이 쓴 글을 보니까 글을 정말 잘 쓰셨더군요.
오랜 세월 동안 많은 글을 읽고, 쓰셨을 거라는 생각이 들었습니다.

몇 년 전에 조금 긴 시간 동안
고민 고민해서 글을 썼었던 적이 있어요.
그렇게 분량이 많은 건 아닌데 시간이 많이 걸리더군요.

석사 학위를 받고, 박사 과정을 하시던 아는 선생님이
저에게 도움이 되고자 몇 줄 써서 보내주셨는데요.
글을 읽어보니 제 글보다 훨씬 더 좋은 글이더군요.
이것이 '넘을 수 없는 벽이구나.' 싶었습니다.

블로그에 쓰는 글은 읽는 이에게 읽기 쉬운 글이 되길 바라고 있어요.

어떤 이의 글을 읽다 보면 누군가에게 보인다는 생각에
멋있게 꾸미거나, 잘 쓰지 않는 어려운 말을 쓰기도 하던데요.
그러면 본인이 어색하고, 읽는 이는 잘 이해가 안 가더군요.
일상생활에 잘 안 쓰는 용어를 쓰면 필자에게 약간의 거리감도 들고요.

그래서 저는 글을 쓸 때, 멋있어 보이지 않으려고 하고 있어요.
읽으며 쉽게 이해되는 글, 부담스럽지 않게 다가오는 글을 쓰려고 했었는데요.
만약 제 글에서 이해하기 어려운 부분, 부담스러운 문구가 있었다면 알려주서도 좋고요. ^^;;

그리고 글을 쓰면서 제 이야기를 많이 하는 편인데요.
마음속 깊숙한 곳에 내 이야기를 꺼내야 더 공감되고,
이해가 쉽겠다는 것이 자리 잡고 있었나 봐요.

이때까지 글을 읽으면서
자신의 이야기를 해야 읽는 이가 더 몰입이 된다는 것을 알았던 것인지,
아니면 그런 것은 본래부터 알고 있었던 것인지 제 이야기를 통해 글을 풀어낼 때가 많더군요.
자신의 이야기를 꺼내야 공감된다는 것을 살아오며 알아온 것으로 보이고요.

어떤 이야기가 이렇다는 것을 전하고 싶은데
설득할 방법은 내 사례라도 이야기하는 것이겠지요. ^^;;;
어쩌면 나에게만 적용되는 이야기여도 나도 하나의 예시가 되니까요.

글을 정말 잘 쓰는 분들 보면서
저 정도 수준까지 가려면 멀었다 싶은 적이 있었고,
지금도 그런 생각을 하는데요.

갈 길이 매우 멀다고 생각될 때,
그래도 걷다 보면 도착점이 조금이라도 가까워지니까요.

글을 진짜 잘 쓰는 수준, 목표지점에 가까워지도록,
그 언저리라도 가도록 계속 써보겠습니다.

만약 블로그에 글을 공개하는 일이 없게 되는 순간이 오더라도
혼자만의 글을 평생 쓸 것이에요.
글을 써야 마음이 편안해지니까요.

> 마음-100

앞으로의 글쓰기 다짐 :
사랑하는 마음으로 글을 쓸게요.

이렇게 글을 많이 쓰는 것은, 저에게 글쓰기에 가장 큰 재능이 있는 것은
[적극적인 성격, 알고 싶은 것이 많은, 호기심이 많은 성격]
+ [주변에 대한 관심과 사랑] 덕분이라는 생각이 듭니다.

글을 잘 쓰는 것, 문장력을 타고났다기보다는
꾸준히 써보면서 작문 실력이 조금씩 늘어났다고 생각하고요.
학교 다니면서, 학교를 졸업하고 책이나 강의를 많이 보려고 했고,
항상 내 역할을 충실하게, 최선을 다해 하려고 했었어요.
말하고도 민망하지만, 이런 말은 잘 안 하지만, 이 글에서 꼭 필요하기에 씁니다. ^^;;

궁금한 것이 많은 성격과 여러 가지에 대한 애정은 사실 태어날 때부터 부여받은 것이지요.
[노력하는 성향]을 가진 성격도 하늘에서 받은 것입니다.

그러고 보니 내가 스스로 이렇게 태어난 것보다는
이렇게 살아가도록 처음부터 인도해주신 분 덕분이라는 생각이 드네요.

종교가 없는 분이 많이 있으셔서 이런 내용은 잘 안 쓰려고 하는데요.
내가 이렇게 글을 쓰는 일을 하는 건 '정해진 뜻'이라는 생각이 들어서요.

태어날 때부터 신을 믿는 사람은 아니었지만, 지금은 신을 믿고 있어요.
신이 있다고 믿으며 기도를 하는 것은 나와 다른 삶이라 여기던 적도 있었지요.

지금 내 나이의 사람들보다 힘들었던 적이 더 많았던 듯싶어요.
자신마다 내 힘듦이 다른 이에 비해 크다고 생각해서일 수도 있지만요.

어릴 때는 내가 겪는 힘든 상황이 나를 지치게 했고, 벌을 받는 건가 싶은 적도 있었는데요.
요즘은 힘들고, 상처받은 기억이 나에게 준비된 시련이 아닐까 싶기도 해요.
몇 년이 지나도 지워지지 않는 상처와 아픔을 누군가에게 전해주지 말라는,
이 문제를 해결하는 사명을 가진 것이라 이해하고 있습니다.
문장력이 뛰어난, 엄청난 필력을 보여주는 글이기보다는
노력해가며 얻은 재능이 더해진, 주변의 많은 것들을 사랑해서 얻게 되는 글을 쓸 것으로 생각해요.

어쩌면 그 모습을 독자분들이 좋아해주지 않을까 생각하고요.
언젠가는 문장력이 더 좋아지고, 문학적으로 뛰어난 사람이 될 수도 있겠지요.

노래를 정말 잘하는, 따라올 수 없는 타고난 재능을 가진 사람도 좋지만,
노력해서 실력이 조금씩 향상되는 가수, 진정 음악과 세상을 사랑하는

가수도 좋듯이.

저도 글과 여러 동물과 사물을 진정 사랑하는 마음으로 글을 쓰겠습니다. ^-^

쓰다 보면 실력이 더 향상되고, 글로써 누군가의 아픔을 보듬어주는 날이 올 수 있겠지요.

* 조금 더 적고 싶은 말이 있었는데, 글 속에서 자랑은 자제하고 있습니다. ^^;;
* 글을 적고 나서 '닉 부이치치'의 연설을 보았습니다. 실패해도 다시 시도한다면 끝이 아니라는 말을 하며 쓰러져 있던 그가 일어날 때, 감동받아서 눈물이 흐르더군요. 닉 부이치치는 다른 신체를 지닌 것이 아니라 특별한 신체를 지녔다고 생각하게 되었어요. 그에게 자신의 상처를 이겨내고, 타인에게 희망을 줄 힘도 주셨습니다.

마음-101
글을 많이 쓴 건 마음이 힘들어서였어요.

나 자신에게 실망하는 순간
글을 적어보면서 나를 돌아보고,
안 좋은 일이 있을 때
그 문제를 생각해보며 글을 많이 쓰고요.

무엇보다 글을 많이 쓰게 된 것은
사람에 대해 실망하고, 화가 나고 그러면서
많이 쓰게 된 것도 있어요.
나 자신을 위로하고자 그런 글을 많이 쓴 것이죠.

누군가는 살아가며 힘들 때 '술'을 마시기도 하지만,
저는 '글'을 쓰면서 힘든 마음을 다독입니다.

살아가면서 가장 힘든 일, 마음 다치는 일이
사람으로 인해서일 때가 많고,
스트레스받고, 기분이 안 좋아지면
세상을 살아간다는 것이 힘들더군요.

그래서 내 마음이 힘든 것을 적고 이 공간에 공개하면서
더 이해하고, 배려하는 사회, 서로를 존중하는 세상이 되기를 바랐습니다.
내 글로 인해 그런 사회가 되기는 힘들지라도
이렇게 시작하고, 계속한다면 아주 조금은 변화할 수 있겠죠.

사람에게 받은 힘들었던 것을
누군가에게 똑같이 전해주지 않으려고 하는데요.
글을 쓰면서 힘든 것을 생각해보고, '이러지 말아야지.' 했기 때문이지요.

삶이 행복해서, 벅찬 마음을 표현하고자
글을 많이 적었더라면 더 좋았겠지만,
그렇지 않고 힘들어서, 안 좋은 마음을 진정시키며
글을 썼던 것은 아쉬움이 남네요.

서로 도우고, 아껴주라며 이렇게 많은 사람이 있을 텐데.
다른 이의 가슴을 아프게 하지는 않으면 좋겠군요.

아픈 마음으로 글을 쓰게 되는 일이 줄어들면 좋겠고요.

> 마음-102
이 사람도 나와 같구나.

누구나 알고 있는 내용, 생각하는 것을
글로 적는 것이 괜찮을까 싶을 때가 있는데요.

다들 생각하고 있는 것이어도
그걸 놓치지 않고 글로 다시 표현하는 것만으로도
의미 있다는 생각이 요즘 들었어요.

평소 생각하는 걸 책이나 글에서 만나면
반갑기도 하고, '이 사람도 그렇구나. 나와 같구나.' 싶어서요.

내가 생각하는 걸 글로 표현한다면,
다른 이가 글로 표현한 것을 보면
느낌이 새롭기도 하고요.
더 오래 기억에 남기도 합니다.

> 마음-103

착한 마음아, 돌아와라.

'착하다'는 말을 가끔 듣지만,
예전보다 '착한 마음'이 줄었습니다.

'착한 마음'을 가지고 살려고 했었는데,
나이가 드니 이 '착한 마음'을 이용하려는 사람이 꽤 있네요.
그래서 이젠 배려하는 마음이 줄기도 했어요.
사랑하는 이에게는 '착한 마음'을 보여주려고 하고요.

가끔 인사를 매우 곱게 하는,
예의 있는 어린이를 보면
어른이 된 나를 돌아보게 됩니다.
지금은 그렇지 않지만,
어릴 때는 저랬던 것 같은데 하는 생각도 들고요.

어른에게 예의를 표시하는,
학교에서 배운 것을 그대로 실천하는 어린이를 보니
이 아이가 성장해서 이 마음을 잃게 되지 않을까 싶기도 하네요.

타인의 착한 마음을 자신을 위해 이용하려고 하지 않아서
어린이 때 지니고 있었던 착한 마음을 어른이 되어서도 간직해도 되길
바라고요.

글을 마무리하려는데
예전 방송에서 보았던 내용이 생각나요.

초등학생에게 "착하다."는 말을 들으면 기분이 어떠하냐는 말에
저는 "기분이 마냥 좋다."일 줄 알았는데요.
1위가 "강해지자."였어요.

> **마음-104**

나를 지지해주는 내 편이자, 내 팬(fan)

부모님께 이런 말을 종종 합니다.
"앞으로도 많이 사랑해주세요~! ♡"

말을 하고 나서 생각해보니
팬(fan) 관리하는 듯한 느낌이 들더라고요.

그러고 보니 제가 태어났을 때부터
부모님은 저의 팬(fan)이셨네요.
아주 오랫동안 한결같은 사랑을 주시는 팬(fan)이지요.

나를 지지해주는 나의 편, 내 편이자,
나의 팬(fan)이기도 한 부모님.
거기다 부채, 선풍기(fan)처럼 내 마음을 시원하게 하는, 꼭 필요한 존재이시군요.

(fan 하니까 부채, 선풍기도 떠올라서 의미를 맞춰보았어요. ^^;;)

일반적으로 팬(fan)은 누군가의 어떤 좋은 모습, 마음에 드는 면이 있어야 되는 것인데
부모님은 저의 어떤 장점과 조건이 없이도 팬(fan)이 되어주셨네요.

부모님의 많은 사랑을 받는, 부모님이라는 팬(fan)을 둔 사람으로서
앞으로 받은 사랑을 돌려드리겠습니다.
효도로 그 마음을 보답하겠습니다. ^-^

(일반적으로 스타(star)가 하는 말이 생각나면서 제 마음을 표현해보았어요.)

마음-105
내 마음을 감동시킬 한마디

누군가가
"미안합니다. 죄송합니다."
라고 할 때

"괜찮습니다."
라고 말해준다면 좋겠어요.

내가 한때 좋아했었던 누군가를 만나고

떨린 마음에 실수를 했어요.
"미안해요."라고 말했는데
그 사람이 별다른 반응이 없어서 조금 아쉬웠어요.
평소 이미지가 참 좋았었는데요.

"괜찮아요."라고
한마디만 해주었다면
내가 좋아했던 마음이 더 커질 수 있었을 텐데요.

그 사람도 당황한 마음에
"괜찮아요."라는 말을 하지 못했을 거라는 생각이 지금 드네요.

이런 생각을 하고 글로 정리하면
다음번 누군가의 실수에
"괜찮습니다."라는 말이 바로 나올 수 있습니다.

> 마음-106

펜(pen)의 가치를 알고 있기에 드릴 수 있었습니다.

며칠 전 처음 보는 사람이
'펜(pen)'을 하나 얻을 수 없느냐고 하더군요.
어느 곳을 가던 '펜'과 '메모지'를 지니고 있는 사람이니까요.

조금 망설였지만, 주머니에 있던 내 펜을 그 사람에게 건넸습니다.

그분은 매우 정중하게 인사를 하시고 내 펜을 가지고 가셨습니다.

가진 어떤 것을 나누기는 쉽지 않은 일이지만,
거기다 처음 보는 사람이었기에 더 어려웠지만.

펜(pen)이 나에게 매우 소중한 물건이기에,
펜의 가치를 알고 있기에, 그분도 펜의 가치를 잘 아는 분이라 생각해서 제 것을 드릴 수 있었네요.
그리고 하나 더!
집에 펜을 매우 많이 가지고 있는 것도 드릴 수 있는 이유였네요. ^^;;;

흔히 볼 수 있는 '모나미(monami) 153'이었고요.
투명테이프를 붙여서 제 것임을 표시해두었습니다.
생김새가 같은 펜들과 섞이기도 해서요.

펜은 자주 사라지는, 자주 집을 나가는 특성이 있어
그 펜이 그분과 얼마나 오랫동안 함께 있을는지는 모르겠지만

그때 가시고 있있던 펜이 중요한 임무를 수행하기를,
소중한 기억을 잊지 않는 데 도움이 되기를 바랍니다.

펜(pen)이니까 드릴 수 있었습니다. ^^;;
물질을 잘 나누지 못한다고 예전에 글로 쓰기도 했으니 한 번 나눴다고 자랑하려던 건 아니었어요. ^^!

내 소중한 펜이 이제 내 곁에 없다는 사실이 아쉽기도 한데요.
다른 펜에게 사랑과 관심을 주어야겠어요.

마음-107
좋았던 기억보다 아팠던 기억이 더 오래 남네요.

내가 사랑하는 누군가.
그 사람과의 좋은 추억, 행복한 기억이 훨씬 많지만,
좋은 추억만 있던 건 아닙니다.
항상 좋은 추억만 있었다는 건 힘든 일이겠지요.

그 사람이 나에게 화냈던 모습,
나를 아프게 한 말이 가끔 떠올라요.

나에게 잘해준 적이 훨씬 많은데도
나를 아프게 한 몇몇 일이 더 기억에 남아요.

어떤 사람과의 좋았던 기억보다
아팠던 기억이 오래 남을 때가 많더군요.

그 사람에게 쓰던 문자를 보내지 않고,
다정한 말을 하려다 하지 않고 그래요.

그 사람을 보면 행복하고, 미소 짓지만,

내 마음을 아프게 한 것이 떠올라
마음 한편이 무거워져요.

앞으로 진정으로 사랑을 많이 줄 누군가에게
저는 조금도 화내지 말고, 마음을 아프게 하지 않도록 하려고요.
내 모습에 실망하지 않도록 하려고요.

쉽지 않은 일이겠지만,
그래도 언제나 좋은 모습만 남겨주고 싶네요.

마음-108
글을 쓰며 고민하는 것 : 이걸 말해도 될까, 말하면 어느 정도까지 말해야 하는지?

블로그에 글을 쓰면서 염려하는 것, 고민하는 것은 이것입니다.
'이걸 말해도 될까, 말한다면 어느 정도까지 말해야 할까?' 하는 생각이지요.

쓰기는 오래전에 썼는데, 등록 여부는 아직 미정인 글이 몇 개 있어요.
나에 대해 많은 것을 이야기하는 글은 등록하기 망설여지고요.
올린 글을 다시 읽어보면서 너무 솔직하게 말했다 싶어서 수정할까 하는 마음도 있지요.
망설이다 올렸던 글을 좋다고 하는 분이 있기도 했고요.

글 속에 제 이야기를 많이 하면서,
솔직하게 글을 쓰려고 하는데요.

블로그를 시작하며 맨 처음 글에서 이야기했듯
저는 친하지 않은 이에게는 제 이야기를 그렇게 많이 하는 사람이 아니었고,
뉴스 기사에 답글도 거의 달지 않는 사람이었습니다. ^^;;

신중하고, 내향적인 성향이 많은 사람이기에
내 이야기를 많이 할수록 두려운 마음과 아쉬운 마음도 드는데요.

누군가에게 보여주지 않더라도 글을 쓰는 일을 예전부터 해왔고,
이렇게 글을 공개하는 일이 많이 즐거워요.
처음에는 공감 버튼 하나 얻기도, 답글 달리기도 어려웠는데요.
지금은 글마다 1~2개 정도의 공감 버튼을 눌러주시니까요.
3개월 전보다 덜 외로운 마음이 들어요. ^^!

어제였어요. 어떤 컨설팅회사 소장님이 강연에서 그런 말씀을 하시더군요.
'어떤 여성 작가를 알게 되어 좋다. 글 속에서 그녀를 만날 수 있어 좋다.'는 말이었지요.
나를 두고 한 말이 아님에도 기분이 좋아졌어요. ^^;;

이 말을 듣고 보니 두려운 마음이 들어도 글을 계속 써야겠다 싶었습니다.

블로그에 글을 쓰면서 잘하고 있는 건가 싶은 느낌이 들 때, 제게 해답을 주는 말이었습니다.

한근태 한스컨설팅 소장님의 '그녀를 만날 수 있어 좋다.'는 말에 글을 쓰려고요. ^^

> 마음-109

세상이 더 행복해지는 방법은? 사람을 사랑하기.

주인의식에 관한 글을 썼었지요.
꾸준히 이 글을 많이 보러 오시는데요.

오늘 또다시 주인의식으로 일하는 방법을 생각하다
사람, 이웃을 진정 사랑해도 가능하겠다 싶었습니다.

어떤 조건이나 이유 없이도
사장님을 사랑하고, 고객을 사랑한다면
진정 사람을 사랑하는 사람이라면
사장님과 고객을 위한 마음이 있어
주인의식으로 일할 수 있겠다 싶었습니다.

사람을 사랑하는 것만으로도
일터에서 주인의식으로 일할 수 있고요.

그것뿐만이 아니라 사람을 아낀다면
우리 사회의 여러 갈등이 없어지고, 이해하고, 화해할 수 있으며,
살아가는 세상이 더 행복할 수 있을 거라는 생각이 드네요.

'사람을 사랑하기, 사람 사랑, 애인(愛人)'이야말로
이 시대, 그리고 미래에 가장 중요한 가치라 할 수 있겠지요.

> **마음-110**
하나만큼은 뛰어나게, 제대로 잘하고 싶었어요.

솔직히 말하면 저는 여러 가지를 두루 잘하는 편이었는데요. ^^;;
저 같은 사람을 부러워하는 사람도 있겠지만, 여러 가지를 잘하는 편인 사람은 정작 이것을 아쉬워합니다.
'하나만큼은, 하나라도 정말 제대로 잘하고 싶다.'

저는 여러 가지를 좋아하고, 잘하는 편이었지만
어떤 특출한 분야가 보이지 않아 아쉬운 마음이 있었어요.

지금은 생활하면서 글감을 포착하는 능력이 있다고 생각하고,
글을 쓰는 건 노력한 덕분에 점점 길러지고 있다고 보고 있어요.
여러 사람 앞에서 말하는 것도 재능이라고 생각하게 되었고요.

어릴 때부터 전래동화 등의 책을 읽으면 엄마 앞에서 그걸 설명해드리고 그랬어요.

이야기가 끊기면 또 엄마 앞에서 하고, 그렇게 설명하는 걸, 발표하는 걸 좋아했었고요.

대학생이 되어서는 발표 수업에 열심히 참여하면서, 이쪽에 재능이 있다는 사실을 알아갔습니다.

글감을 포착하는 능력이 있다고 생각한 건 요즘 들어서입니다.
이것이 제가 생각하는 저란 사람의 가장 큰 재능이고요.
다른 사람에 비해 조금 부족하다고 할지라도 저에게는 큰 재능입니다. ^^!
글감으로 좋다고 생각하는 힘은 여러 가지에 대한 사랑과 호기심이라고 글 속에서 썼었지요.

글을 쓰는 건 저에게 즐거움을 많이 주는데요.
조금 힘든 순간도 있으나, 제 글을 공감해주시는 분, 격려해주시는 분 덕분에 힘이 납니다. ^^

가끔 실수할 때, 저에게 실망하는 순간이 있어요.
일이 많을 때, 사람과의 갈등이 있을 때는 지치기도 하고요.

요즘 들어 글을 쓰는 재능이 있다고 생각하게 되면서
저는 더 행복해졌고, 저를 더 사랑하게 되었으며, 자아존중감, 자존감이 커졌습니다.
못하는 것도 꽤 있다만,
가장 잘하는 것이 있다는 것, 내 글을 격려해주시는 분이 있다는 것에
일상생활에서 힘이 나고, 일상이 더 활기찹니다. ^^!

* 여러 가지를 두루 잘하는 것과 대부분 잘하지 못해도 하나를 특출하게 잘하는 것 중 하나를 선택할 수 있다면 저는 후자를 택할 생각이고요. 많은 사람이 이런 선택을 하리라는 생각이 드네요.

마음-111
1명이라도 웃어주면 됩니다.

개그를 좋아하는 사람으로서
개그맨, 개그우먼에게 바라는 것은
'타인에게 상처 주지 않는 개그'를 하면 좋겠다는 것입니다.
개그맨, 개그우먼 중에서 타인을 무시하는 듯하며 웃기는 사람은 좋지 않더군요.

저도 개그를 좋아하면서
블로그 속에 재밌는 내용을 올리는 사람으로서 (^^;;)
조금 거창하게 표현해서 '개그 소신, 개그 신념'이 있다면
'타인을 아프게 하지 않는 개그'를 해야겠다는 것이죠.

몇 년 전 어떤 진행자가 저를 대상으로 웃기게 말해서
남들은 웃었지만, 저는 기분이 안 좋았고, 지금도 안 좋은 기억이 되었네요.

그리고 누군가를 진정 즐겁게 해주려는 마음에서 개그를 한 것에
그 사람이 상처를 받은 듯 보여 적정선을 지켜야겠다 싶었지요.

이런 경험이 저의 '개그 소신, 개그 신념'을 가지게 해주었다고 생각하고요.

남들이 웃기지 않아도 개그 이야기를 올리는 건
생활 속에서 재미있는 것을 발견했는데 이걸 공개하지 못한다면 아쉬운 마음이 들고,
많은 사람이 웃지 않더라도 1~2명의 사람만이라도 웃으면 된다는 생각이 있어서입니다.

이런 마음으로 글을 올리고 있는데,
유명인에 대한 이야기를 들으니 위트, 유머감각이 있는 사람이 꽤 많더라고요.
그러니까 남을 잘 웃기는 것이 유명인의 특성, 장점이 되기도 하는데요.

전 그런 점을 염두에 두고 하는 건 아니었고,
남을 웃게 하는 것이 참 보람 있고, 좋더라고요.
많이는 아니고, 몇몇 사람을 웃겨 보면서 알게 되었어요.
가끔은 웃기지 않아도 웃어준 듯싶어 보일 때도 있었어요. ^^;;

마지막으로 개그를 하는 이유가
자신의 인기, 명성을 얻기 위해서보다
다른 이를 진정 웃게 하고 싶은 마음이 우선이라면 더 좋겠다는 생각이 들어요.

이제 마무리하려고 했는데요.

이건 개그를 하는 사람에게만 해당하는 것이 아니네요.
다른 일을 하는 사람에게도 해당하는 것이군요.

> **마음-112**

천사 같은 아기를 보며 다짐하다.

아기를 보면 눈을 뗄 수 없을 때가 많아요.
며칠 전 버스를 탔는데 정말 작고 예쁜 아기가 엄마 품에 안겨 있네요.
아가는 다 예쁘고, 사랑스러운데 이 아기는 더 마음이 가요.
자꾸 쳐다보는데 이 아기도 내가 신기한지 나를 계속 보네요.

너무 예뻐서, 천사 같아서 눈물이 고여요.
내 부모님이 나를 이렇게 안고, 사랑해주셨을 거로 생각하니 감사하고,
원하는 것을 다 해주고 싶은데 다 줄 수는 없어 슬펐겠지요.
그리고 이 소중한 아기, 아이를 잃은 엄마, 아빠 마음이 정말 많이 아플 거라는 생각이 들어 울컥하네요.

이 예쁜 아가, 내 조카, 미래의 자녀에게
"널 사랑해. 아껴줄게."라는 말을 하기보다는
"더 행복하게 살 수 있도록 내가 노력할게."라는 말을 하고 싶네요.

배려하는 말하기, 정(情) 나누기, 환경 지키기 등 좋은 세상을 만들도록 노력하겠습니다.
나를 위해, 그리고 이 세상과 미래를 살아갈 아이들을 위해서.

마음-113

의욕 충만은 잠시

일 끝나고 나면 의욕 충만.
'이것저것 많이 시도해야지.'
그러다 몇 시간 후
'힘들어.
자야 해.'

에너지가
더 많았으면 좋겠네요.
인간은 쉬기도 해야 하지만요.

마음-114

당신이 진짜 잘 되었으면 좋겠다.

아주 잘 되진 않았지만,
예전부터 좋아하는 가수의 음악을 듣다 보니 이런 생각이 드네요.

이 가수는 이렇게 재능이 있는데, 더 사랑받을 수 있는데.
'진짜 더 잘 되었으면 좋겠다.'는 마음이 들더군요.

우리 사회에 이런 사람이 있지요.
재능이 있고, 노력도 하는데 일이 뜻대로 잘 풀리지 않는 이들이요.

자신의 때를 기다리며 준비하고 있을 모습이 그려집니다.

지금 잘 되고 있는 사람이라면
자만한 마음을 가지지 않고, 자신이 가진 기회를 감사하게 여기길 바랐습니다.

그리고 생각처럼 잘 안 되는 사람은
실망하지 말고, 언제 다가올지 모르는 나의 때, 나의 기회를 위해
노력하며 살아가면 좋겠다 싶더군요.

나를 알아주는, 사랑해주는 소수의, 몇 명의 사람이 있다는 것에 기뻐하며
살면 좋겠다 싶었습니다.

이렇게 누군가를 생각하며, 격려하는 듯한 글을 쓰고 보니
마치 나를 향한 말인 듯싶었습니다.

타인에게 하는 말이 어떨 때는 쉽게 나오잖아요.
'누구나 실수할 수 있어. 그 정도는 괜찮아.'
그러면서 자신의 실수는 용납이 잘 안 되고, 심각하게 받아들이고요.

타인을 생각하는 말을 하고 보니 나도 이런 마음으로 살면 좋겠네요.
어쩌면 나 자신에게 가장 해당하는 말이군요.

지금 노력하는 이.
준비하는데 아직 뜻대로 풀리지 않는 이.

그들의 노력이 꼭 빛을 발하는 날이 오길 기원하겠습니다.

그리고 저 또한 제가 원하는 것을 얻지 못해도 실망, 좌절하지 말고
가지고 있는 것을 생각하고, 나를 사랑해주는 몇 명의 사람이 있다는 것에 행복하게 살려고요.

마음-115
뻔하지 않은 '다름'을 이야기하고 싶어요.

음악 프로그램을 보다가
어떤 이의 노래를 처음 들어보았는데요.

노래 가사가 너무 쉽고, 뻔하다는 느낌이 들었습니다.
나라면 '저런 가사의 노래를 부르고 싶지 않다.' 싶었습니다.
가수와 노래 이름을 밝히는 건 조금 그렇다 싶어 쓰지 않았어요.

내 글은 남들과 뭔가 '다름'을 이야기하고 싶습니다.
아직은 남들과 비슷한 글일지라도 미래에는 그렇게 되고 싶어요.

글을 쓰는 이, 노래하는 이, 춤을 추는 이, 연기하는 이 등.
창작을 하는 많은 이가 '다름, 뻔하지 않음'을 보여주고 싶겠죠.
'뻔하다. 이미 있는 것 같다. 어디서 본 듯하다.'는 말이 두려운 말이고요.

예전 어떤 사람이 매우 실력이 있다고 해서 기대했는데
누구나 이야기할 수 있는 뻔한 말만 해서 아쉬운 마음이 남더군요.

남과 다른 나만의 것을 가지긴 쉽지 않겠지만,
그래도 노력하다 보면 그 경지에 도달할 수도 있겠죠.

마음-116
도전의식이 꿈틀꿈틀. 내 안에 도전의식이 있다.

내 안에 도전의식이 있습니다.

별거 아닐 수도 있지만.
이 병뚜껑이 안 열린다고 할 때 안 될 것 같아도 열어보고 싶고요.
이 기기 작동이 안 된다 그러면 내가 한 번 작동해보고 싶어요.
물건이 어디에 빠져 안 나온다고 그러면 찾아보고 싶어요. ^^;;

누군가가 안 된다고 포기하려고 하는 그 순간
내가 한 번 도전해서 해결해보는 싶은 마음이군요.
안 될 것 같은 상황이었는데 만약 해결이 되면
성취감, 뿌듯함을 느낍니다. 나 자신이 기특해요.
사람들 마음속에 이런 마음이 있다는 생각이 들어요.

지금 꿈을 향해 가는 것도 도전하는 삶이고요.
도전하는 삶, 안 될 것 같아도 시도해보는 것이 살아있는 이유입니다. ^^

도전을 준비할 때, 전의를 불태울 때 힘을 주는 노래가 있는데요.
영화 록키의 주제곡인 'gonna fly now' 이 노래 들으면 전 힘이 나더군요.
MBC 드라마 신입사원(2005) O.S.T 1번 트랙인 'Title'이라는 곡도 힘이 나는 좋은 곡이에요.
'Title'은 네이버 뮤직 들어가면 들으실 수 있어요. 들으면 '좋다. 우와!' 라는 느낌이 들 것으로 생각합니다.

며칠 전 KBS1 [슈퍼맨이 돌아왔다]를 보는데
추성훈 님이 경기장에서 얼굴에 상처를 입고 집에 돌아왔더군요.
그녀의 아내처럼 저도 '저렇게 다치며 운동해야 하나?' 싶었는데요.

추성훈 님은 어릴 적부터 승부의 세계에 살았고, 더 강해지고 싶다,
관객의 응원을 받고 있어 좋다는 말을 들으니
그에게는 승부, 스포츠가 살아있는 이유겠지요.
그 부분이 기억에 남더라고요.

마음-117
한없이 주고 싶은 사랑하는 이가 있기에

글을 쓰고, 이렇게 등록하는 일을 하는 건 '사랑하는 마음'이 있기 때문이지요.

나를 사랑하기에, 글을 통해 내가 이루고 싶은 꿈이 있기에 하는 것이고요.

꿈을 이야기하면 '더 좋은, 행복한 세상 만들기' 이런 것인데요.
블로그 제목으로 '좋은 세상 만들기' 이것도 고려했었습니다. ^^;;

내가 사랑하는 사람이 있기에. 그 사람을 위해서도 글을 쓰고 있는데요.
이 사랑하는 사람은 가족, 친구, 이웃뿐만 아니라 아직은 잘 모르지만 선한 이도 포함이 되고요.

그리고 '글'을 사랑하기에 하고 있는데요.
결국, 사랑하기에, 사랑을 지키고 싶기에 글을 쓰고 있는 것이네요.

사랑하는 사람을 위해 열심히 살아가는, 부지런한 모습이 아름답게 느껴졌습니다.

일하고, 꿈을 이루려는 것은
자신을 사랑하기에, 사랑하는 사람이 있기에 하는 것이기에 힘내서 나아가고 있습니다.
내 일을 사랑하는 마음이 더해지면 더 즐겁게 할 수 있겠죠.

주어도 더 주고 싶은 사랑하는 사람을 생각하며 오늘도 아자! ^^;;

마음-118
유명인, 교수 등에게 메일을 보내보면서

많지는 않았지만, 책의 저자, 방송에 나온 사람, 어떤 교수 등에게 메일을 보낸 적이 있었습니다.

궁금한 것을 묻고자 내가 할 수 있는 선에서 정성껏 메일을 써서 보냈었는데요.

대부분 기대했던 반응을 얻기 어려웠습니다.

메일을 읽지 않은 경우도 있었고,
메일을 읽고 답이 없는 경우도 있었습니다.

직접 보았던 어떤 대학의 교수는 "언제든 찾아오라."고 말을 해서
만남을 이메일로 몇 번을 청했지만, 결국은 만나주지 않더군요.

답이 와도 형식적인 답이 오면서 많은 걸 기대하지 말아야겠다 싶었습니다.

그들은 바빠서일 수도 있겠지만,
더 큰 이유는 내가 그들의 삶에 중요하지 않았으니까 그러했다는 생각이 들기도 했어요.

잘 모르는 나에게 정성껏 답을 해준 사람이 몇 분 있었습니다.
답을 해주지 않은 사람보다는 그 수가 적지만요.

어떤 직업에 대해 알아가면서
회사 홈페이지 이메일 주소를 보고, 메일을 몇 번 보냈었는데
친절히 답변해주셨던 분이 기억나고요.

최근에 상담하고자 연락했더니,
선뜻 전화번호를 알려주시면서 소중한 시간을 내어주신 분이 있었습니다. ^^
현실적인 조언을 들으니 잠시 막막한 기분도 들었지만,
그래도 이렇게 잘 모르는 나를 생각해서 좋은 이야기를 해주신 분을 생각하며 나아가야겠습니다.

책의 저자, 유명인 등에게 메일을 보내고자 한다면
답이 올 것이라 크게 기대하지 않았으면 하고요.
가까운 상담실, 온라인 상담실을 이용하는 것도 좋겠네요.
잘 아는 선생님, 친구도 좋고요.

마음-119
나도 꽤 가치 있는 사람인데

누군가와 밥을 먹게 되었는데, 스마트폰으로 무언가를 보고 있습니다.
무언가 말을 꺼내기도 어렵고,
사실 예의가 아니라는 생각이 들었습니다.

'나와의 대화가 의미가 없는 것일까?' 싶기도 하더군요.
이태까지 생산적인 대화를 하지 못한 것도 한 이유가 될 수 있겠지요.

그리고 생각난 것이 스티브 잡스 님입니다.
소크라테스 님과 한 끼 식사할 수 있다면 애플의 모든 기술을 그 식사와

바꿀 수 있다는 말을 했던 것이 생각나더군요.

한 번도 실제로 본 적은 없지만, 같이 밥 먹고 싶은 사람이 몇 명 떠오르네요.
그런 행사도 종종 있지요. 좋아하는 스타와의 식사와 만남.

나도 꽤 가치 있는 사람인데 하는 씁쓸한 마음이 들면서
나의 진가를 잘 모르는 사람이 있다는 생각도 들었습니다. 사실은 이런 사람이 적지 않지만요. ^^!

난 밥을 먹을 때는 무언가를 계속 보려고 하지 않습니다.
무언가를 보면서 밥을 먹으면 보는 것에 집중이 잘 되지 않기 때문입니다.

마음-120
남다르게 열심히 하는 사람을 보면

누군가가 남다르게 열심히 하는 모습을 보면
'나도 조금 더 분발해야겠다.'는 마음이 들지요.

누군가를 이기고자 하는 마음이 아니라
많은 이가 최선을 다하는 마음가짐으로 살아가면 더 발전하는 사회, 세계가 되겠다 싶었습니다.

마음-121

나와 같은 생각을 하고 있구나.
나만 그런 거 아니구나.

내가 생각하고 있던 내용을 누군가의 글로 보면 반가워요.
'다른 이도 나와 같은 생각을 하고 있구나. 나만 그런 거 아니구나.' 싶어요.

사람은 서로 다른 듯해도 비슷한 감정을 느끼고 있지요.
그래서 공감이라는 말도 있고요. ^^

정확한 뜻을 알고 싶어서 사전을 찾아보는데요.
공감과 비슷한 말로 동감이 있네요.

'공감, 동감' 둘 다 좋습니다.
누군가의 말을 공감하고, 동감하다 보면 '정감'도 간다는 것! ^^

공감, 동감도 좋지만, 정감이 조금 더 좋네요.
정감을 영어로 표현했을 때 'warm'이 들어가네요. 정(情)은 사람의 마음을 따뜻하게 하지요.

* 원래는 짧은 글로 생각했는데, 사전을 찾다 길어져서 다른 카테고리로 들어갔습니다.

> 마음-122

화낸 사람의 모습은 오래 남아요.

'화'를 참지 못하고 '화'를 표출하면
우선 그 화를 낸 사람 자신도 기분이 좋지 않고요.

화낸 이에게 꾸지람을 들은 이도 기분이 안 좋습니다.

지나가다가 옆에서 바라본 사람도 기분이 좋지 않다는 것을 알았습니다.

한 사람이 화가 나서
화를 낸 사람, 그 화를 직접 전달받은 이, 그리고 지나가던 이까지
유쾌하지 않은 것을 보니 '화'를 자제해야 한다는 것을 다시 깨닫게 됩니다.

시간이 지나도 화를 낸 사람에 대해서는 안 좋은 이미지를 가지게 되더군요.

> 마음-123

당연한 것이라고 말하면 가치를 덜 생각하게 되네요.

예전에 누군가가 자신이 일을 할 때
매우 열심히 했었다고 하더군요.

마음속으로 '많은 이가 그러는데.'라고 말하면서
열심히 일한 것을 당연한 것이라고 생각했었습니다.
생각한 바를 그 사람에게 말하지는 않았고요.

시간이 지나고 보니 자신의 일을 열심히 하는 것이
당연하다고 볼 수 없는 것이더군요.
칭찬받지 않아도 되는 그저 그런 일이 아니더군요.

조별 과제를 하면서 조장을 맡은 적이 있었습니다.
팀원들이 내 마음대로 잘 따라주지 않고, 힘든데
"이번에 일하느라 힘든 면이 있었다."라고 하니
조장이니 힘든 것은 당연하다는 식으로 말하는 것을 듣고
매우 섭섭한 마음이 들었습니다.

난 마음속에 생각한 바를 바로 표현하지 않는 것에 익숙하다 보니
누군가가 상처받는 말을 하지 않으니
그 사람의 표현에 마음이 안 좋았고,
지금도 그때 기억이 나서 기분이 안 좋아지는군요.

누군가의 노력, 수고로움을 당연하다고 생각하면
그 사람이 노력한 것의 가치를 덜 생각하게 된다는 것을 알았습니다.

엄마가 맛있는 밥상을 차리는 것,
아빠가 가족을 위해 일하러 가시는 것.
어른이 아랫사람을 위해 좋은 것을 양보하는 것 등.

그분들이 자신의 노고에 공을 내세우지 않으면
사람들 마음에 이러한 노고가 당연하게 인식되기도 하는데요.
생각해보면 그들의 노력이 꼭 당연한 것도 아니지요.

어쩌면 저도 이러한 누군가의 수고로움을 모르고 살았을 수 있을 텐데요.
내가 열심히 한 일에 누구도 별다른 칭찬이 없을 때,
누군가는 내 노력이 당연하다면서 내 수고를 중요하게 생각해주지 않을 때
씁쓸하고, 아쉬운 마음이 들면서 이러한 생각이 들었네요.

마음-124
'이번 한 번만' 했던 내 간절한 바람은

가끔 머리가 아찔한 순간이 있어요.

차 사고가 날 듯해 보이는 순간.
열쇠를 잃어버린 듯해서 두려운 마음으로 찾는 순간.
급하게 나가기 전 가지고 나가야 할 물건이 보이지 않던 순간.
버스를 놓칠 것 같아 헉헉거리며 달려가는 순간.

그 순간은 '이번 한 번만' 꼭 잘 되기를 바라지요.
그리고 잠깐의 내 간절한 바람이 이루어질 때가 많더군요.

차 사고는 날 뻔했으나 다행히 차 사고가 나지 않았고,

열쇠는 어딘가 숨어 있었지만 찾을 수 있었고,
찾던 물건은 결국 찾아서 가지고 나갈 수 있었고,
아슬아슬하게 버스를 제시간에 타게 되고요.

'이번 한 번만' 하는 나의 간절한 바람이 이루어져도
나는 또 '이번 한 번만'을 찾게 될 때가 있네요.
내 부주의가 있기도 했었지만, 살아가며 이런 순간은 많은 이가 겪겠죠.

아찔한 순간에 일어날 듯한 힘든 일이 나를 비켜갈 때가 생각보다 많네요.
내 바람과 달리 일이 벌어지면 힘들고, 좌절하는 시간을 많이 보내면서도
아찔한 순간이 무사히 넘어갔음에 기뻐하고, 감사하는 시간은 많지 않은 듯해요.
저의 경우는 그렇더라고요. ^^

며칠 전 느낀 건 아찔한 순간에 일이 일어나지 않고,
무사히 지나간 적도 매우 많았다는 것이었습니다.
이젠 아찔한 순간이 잘 지나가면 '다행이다. 감사하다.'는 내 마음을 오래 간직하고요.
사고, 일이 일어나면 자책하지 말고, 다음번에 더 큰일이 일어나지 않도록 반성하는 시간을 가져야겠어요.

> 마음-125

나를 위해 하는 일보다 남을 위해 하는 일이 더 어렵네요.

며칠 전 동생이 자신을 위해 어떤 것을 도와달라는 부탁을 했습니다.
(어떤 것이라고 표현하는 것은 그 사람이 글 속에 이야기되는 것을 원치 않을 수 있기 때문에 이렇게 표현한 점을 이해 바랍니다.)
도와주는 일을 하다 보니 평소에 나를 위해 하는 것보다 더 신경 쓰게 되고, 힘드네요.

나를 위한 요리, 청소, 바느질, 빨래 등은
내가 만족할 수준으로 하면 되고,
설령 잘 안 되어도 '다음번에 잘하면 되지.' 싶은데요.

누군가를 위한 일을 신경 써서 하면서 도와주는 일이 참 쉽지 않음을 다시 알았습니다.
일이 잘 안 되면 도움을 받은 이가 '괜히 도와달라고 했어.'라고 생각할 수도 있으니까요.

몇 달 전에 어떤 분이 특별한 요리를 해주셨습니다.
그런데 기대한 것보다 맛있지가 않아서, 평소 먹던 걸 먹는 것이 더 낫다는 마음이 들었지요.
속마음을 표현하지 않았지만, 그렇게 맛있지 않다는 생각만 했었지
그 특별한 요리를 준비하는 분의 노고는 많이 생각하지 못했습니다.

생각해보면 다른 이가 누군가를 위한 일을 할 때,

그것이 잘 안 되고, 엉망처럼 보일지라도 그 사람은 많이 노력하고 있었다는 것이죠.

제가 많이 좋아하는 떡볶이를 엄마가 해주실 때가 있는데요.
어떨 때는 기대한 맛이 안 나오면 아쉽다고 말했었는데요.
엄마의 정성을 알면서도 그런 말은 조금 자제했어야 한다는 것을 새삼 생각하게 되네요. ^^;;

누군가가 나를 위해서 일을 하게 된다면
그 사람의 숨은 노고를 생각해서 서툴러도, 잘하지 못해도 이해해야겠습니다.

> 마음-126

누군가가 어떠냐고 물을 때, '착하다'라고 말하면 특징이 없는 것이라 하더군요.

'똑똑한 사람'보다 '착한 사람'이 더 좋다는 생각이 들어요.

예전에 누군가가 어떠냐고 묻는 말에
그 사람은 '착하다'라고 말하는 것은 별다른 특징이 없다는 것이라고 한 사람이 그러더군요.
특징, 특별한 점이 없으면 '착하다'라는 말을 듣느냐고 그랬는데요.

저는 그 사람과 달리 '착하다'라는 말은 최고의 칭찬이라는 생각이 들었습니다.

'착함, 선함'이 지금 시대에, 미래에 매우 중요한 가치라는 생각을 해봅니다.

그 사람이 별다른 특징이 없다면 '그냥 그래.'라고 말할 수도 있는데 '착하다'라는 말을 하니 그것이 별다른 특징이 없다는 것인지.
저와 꼭 맞는 생각을 가진 이는 찾기 어려운 듯 싶기도 했고요.

'똑똑하고, 능력 있어.'보다 '착한 사람이야. 배려하는 사람이야.'라는 생각이 드는 이가 주위에 많아지길 바라고요.

마음-127
꿈을 이룬 뒤보다 더 행복한 순간은?

고급 레스토랑에 갈 때면 기대감, 설레는 마음이 들지요.

그런데 막상 가서 음식을 다 먹고 나면
이렇게 좋은 레스토랑에 오는 것도 '별거 아니다.' 싶은 생각이 들기도 한답니다.

집에 오니 그 레스토랑에 가고 싶기도 했지만요. ^^;;

먹고 나서의 만족감보다 가기 전에 기대하는 마음이 더 좋고, 행복하다는 생각이 들었어요.

지금 제가 바라는 꿈을 이룬 다음에 매우 행복할 거라는 생각이 들지만, 준비하고, 어떻게 펼쳐질지 기대하는 지금 이 순간이 더 행복할 수 있겠다는 생각이 드네요.

그러니 내 바람대로 펼쳐질 미래보다 지금이 더 행복한 순간이라 믿으려고요. ^^*

> **마음-128**

좋은 일 하면 복(福)을 받는다고 하는데, 그 복이 언제 올까요?

가끔은 버스 기사 아저씨, 아주머니가
버스를 놓친 듯 보이는데도 버스를 향해 달려가는 이를 위해 버스를 잠시 세워주면 좋겠더라고요.
세워주는 아저씨, 아주머니도 많다만 그렇지 않은 분도 있어서요.

버스를 탈 수 있을 뻔하다가 못 탄 적이 있고,
저와 비슷한 상황에 부닥친 이를 보면 안타까운 마음이 들었습니다.

버스 기사님이 승객을 위해 버스를 세워준다면 복(福) 받을 거라는 생각이 들더군요.
우리는 이런 생각을 하지요. 좋은 일 하면 언젠가 복(福) 받을 수 있을 거라고요. ^^;;
그러면서 그 복(福)은 언제 나에게 돌아올까 하는데요.

먼 훗날 나에게 복(福)이 다가오지 않아도요.
누군가를 도와준 그 순간, 바로 그 순간.
자신의 기분이 좋아지고, 행복해진다면 그게 '복(福)'을 받은 것이네요.
^^*

마음-129
행복은 소수만 누린다는 생각이 들었지요.
내가 생각한 모두가 행복하게 사는 길은?

예쁜 여자 스타(star)의 광고를 보면서 행복은 소수에게 집중된다는 생각이 들었습니다.
돈 많은 이, 예쁘고, 멋진 이는 더 행복할 수 있는 여건을 갖추었다 싶었지요.
세상은 불공평하다는 말도 있고요.

저는 예전보다는 좋다고 생각하며 '나도 꽤 행복하다.'고 생각하고 있습니다.
나는 행복하다는 생각을 하면서 더 행복해진 것도 있고요.

'최대 다수의 최대 행복'이라는 공리주의가 생각나더라고요.
그리고 몇몇이 아닌 많은 이가 행복해졌으면 좋겠다는 생각이 들었습니다.

많은 이가 돈이 더 많아지기를, 더 예뻐지길 바라기보다 더 행복해졌으면 좋겠더군요.

　돈이 많지 않아도, 외형이 멋있지 않더라도 나만의 행복을 찾으며 살길 바랐습니다.

　그리고 더 이해하고, 너그러운 마음으로 살아가면 좋겠다 싶었지요.
'너그러운 자세, 너그러움'은 요즘 내가 좋아하는 말이고요.

　더 생각해보니 이해하고, 너그러운 마음으로 산다면
자신이 행복하고, 타인에게도 행복을 줄 수 있겠지요.

　제가 생각한 모두가 행복하게 사는 길은
사회가 경제적으로 더 발전하는 것보다 이해하고, 용서하며 보듬으며 살아갈 때 가능한 것으로 생각했습니다.
어쩌면 그렇게 어렵지 않은 것이기도 하고요.

마음-130
널 위한 시간은 언제든 비워둘 수 있어.

　종종 누군가 이런 말을 할 때 조금 부럽기도 하죠.
'남는 게 시간'이라고 말하는 사람이요.
더 생각해보면 그렇게 부러워할 필요는 없지만요.

　많은 사람이 그 일을 할 시간이 없다고 말하는데요.
어떤 일이 중요해서, 그것을 1순위로 정한다면 시간을 낼 수 있긴 하죠.

누군가 당신만을 위한 시간은 언제든 낼 수 있다고 말해준다면 행복하겠죠.

내가 그 사람에게 그만큼 매우 중요한 존재니까요.

어느 때건 전화해도 내 전화를 반갑게 받아주는 사람.
급한 일이 있더라도 내게 달려올 수 있는 사람.
그런 사람 많이 있으면 좋겠다만, 2~3명만 있으면 괜찮다 싶고요.

시간에 관해 이야기하다가 누군가에게 매우 소중한 사람이 되고 싶다는 생각을 하게 되었네요.

> 마음-131

음료수 하나만으로도 콩콩 뛰는 어린이처럼

나에겐 매우 기쁜 일인데
'그게 뭐 대수라고.' 말한다면
나로서는 김이 새는 일이기도 하지만요.

누군가에게 매우 벅차고, 들뜬 일인데
그건 작은 것이라고 기뻐할 필요 없다고 말하는 사람이 있지요.

작은 행복도 영혼이 있다면 그런 이를 원치 않기에 살며시 비켜갈 것이고,
그 사람은 큰 행복이든, 작은 행복이든 찾아와도 행복인 줄 알 수 없을

것이다 싶었습니다.

맛있는 음료수 하나만으로도,
몇 천 원의 물건으로도 콩콩 뛰면서 기뻐하는 어린이를 보면서
소소한 행복으로 항상 기뻐하는 어른도 많아지길 바랐습니다.
그런 분들 지금도 많이 있으리라 생각해요.

> 마음-132

'조금만 더' 하면서 나아가면
아쉬운 마음이 '조금은 덜' 듭니다.

해야 할 일을 '내가 할 수 있을 만큼 다 했다.' 싶어서 마무리했는데요.
마감시간이 끝나고, 시간이 조금 지나고 보니 아쉬운 마음이 들어요.

'이렇게 했더라면 더 좋았을 텐데.', '다 했다 싶어도 더 살펴볼걸.',
'조금 더 먼저 준비할걸.' 하는 생각이 들면서
'조금만 더'의 차이가 큰 차이를 가져올 수 있다는 걸 깨닫게 됩니다.

스포츠 경기에서는 0.1초, 0.01초로 순위가 달라지고, 메달을 받기도,
그렇지 못하기도 하고요.
매일 1분만큼이라도 더 연습하다 보면, 그것이 쌓이고 쌓여서 뛰어난
실력을 갖추기도 하지요.

블로그 속 글을 쓰고 나서도 아쉬운 마음이 들 때가 적지 않아요.

스스로 최선을 다했다 싶어서 글을 올리고 난 뒤, 몇 시간이 지나면
이 내용을 더 쓰면 좋았겠다 싶지요. 그래서 종종 수정하기도 하고요.
아쉬운 마음이 '괜찮아.'가 되려면 결과가 좋아야겠네요. ^^;;

오늘도 '조금만 더' 힘내보아야겠습니다.
아쉬움이 하나도 남지 않는 순간은 오지 않을 듯싶지만,
그래도 최선을 다하고, 멈추지 않고 한 발짝만 더 나아가면
아쉬운 마음이 '조금은 덜' 들겠지요.

마음-133
나도, 쇼핑몰도 미안한 상황에는 진심이 담긴 말에 무언가도 주고 싶어요.

많은 이가 다른 이에게 피해 주기 싫고,
"미안하다."는 말을 하고 싶지 않으리라 생각해요.

저도 타인에게 민폐 안 끼치려고 노력하는데요.
이따금 "미안하다."는 말을 꺼내야 하는 상황이 있지요.

그럴 때는 미안한 마음에 내가 가진 것을 주고 싶어져요.
말로는 부족한 느낌이 들기도 해서요.

생각해보면 쇼핑몰도 이런 경우가 있지요.
고객에게 물건이 잘못 갔다거나, 배송이 지연되었다거나, 주문한 물건

이 없는 경우
　　진심 어린 사과와 더불어 어떤 혜택을 주기도 하잖아요.

　　개인이나, 기업이나
　　누군가에게 미안한 마음을 주고 싶지 않고,
　　"미안하다."는 말을 꺼내야 하는 상황이 오면 어떻게든 타인의 마음을 풀어주고 싶어 한다고 생각했어요.

　　미안함을 느끼는 이가 사과를 받는 이에게 조금이라도 선물을 주고자 하면
　　어떤 이는 '안 그래도 되는데.' 싶지만요.
　　미안한 마음이 드는 이는 이렇게라도 해야 마음이 편해질 때가 있더군요.

　　미안한 마음이 드는 이의 진심이 담긴 사과와 작은 보상보다
　　사과를 받는 이의 너그러운 마음이 더 중요하다는 생각이 드네요.
　　이해해주는 마음, 진정 괜찮다고 하는 마음 말이죠.

　　이렇게 말을 하는 저도 며칠 전 누군가의 사과에 아주 너그럽지 못했던 것이 기억나네요.

마음-134

사람이 이기적으로 행동하게 된 이유

사람들은 자신을 제일 우선으로 생각하고, 이기적인 면이 있지요.

많은 사람이 이기적인 모습이 된 이유를 생각하다 보니
처음에 한 사람이 이기적이었다면
모두가 더 자신만을 생각하게 되고, 그러면서 더 이기적이 된 것으로 생각하게 되었어요.

처음엔 그렇게 자신만을 생각하지 않았는데
이타적인 사람은 손해를 보게 되고, 도움의 손길을 요청해도 도와주지 않고
그러면서 사람들이 이기적이게 되었다는 생각이 드네요.

* 관련 책도 있을 테지만, 떠오른 생각을 써보았습니다.

마음-135

"방법은 이것이 유일합니다."라고 말한다면?

"방법은 이것이 유일합니다.",
"정답은 이것뿐입니다."라는 말을 보면 이해가 가지 않을 때가 있었어요.
방법, 답이 그것뿐이 아니라 다른 것도 있다고 생각했으니까요.

"누구나 그렇습니다.", "모든 사람은 그래요.", "여자는 다 그렇지요."라는 말도
이해가 가지 않기도 했었어요. 안 그런 사람도 있으니까요.

그래서 이런 말은 자제하려고 해요.
저런 말을 하는 사람을 보면 마음속으로 그 말을 다 못 믿겠다는 생각도 드네요.

마음-136
세상일은 노력만으로 이룰 수는 없지만

10여 년 전 음악 프로그램을 오랜만에 보니
그 당시 스타의 지금 모습을 생각하게 되네요.

예전에는 잘 되던 가수가 지금은 어떤 문제를 겪고요.
그때는 주목받던 신인이 이제는 보이지 않고요.

미래는 어떻게 될지 알 수 없다는 것,
세상은 노력만으로 안 되기도 한다는 것을 느끼게 되네요.

그래도 마음을 다해 열망하고, 꿈꾸면 온 우주가 도와준다는
[연금술사, 파울로 코엘료 지음, 1988] 속 말을 믿으려고요.

> 마음-137

꿈은 소중하니까 :
매일 김치로 밥을 먹더라도 괜찮으니

치킨, 떡볶이만으로도
매우 행복해지는 사람인데요.
밥보다 꿈(dream)이 더 좋다는 생각이 들었어요.

엄청난 부자라서
여유롭게 살아가며, 맛있는 것을 매일 먹는 것보다는

매일 김치로 밥을 먹어도
꿈을 이루는 것이 좋다 싶었습니다.
(막상 꿈을 이루고 김치만 먹게 되면 마음이 달라질 수도 있을라나요?! ^^;;)

극단적이기도 한데요.
그만큼 나에게 꿈은 소중합니다. ^-^
(어쩌면 김치를 매우 좋아해서 이런 말이?! 김치를 엄청나게 좋아하지는 않고요. ^^;;)

마음-138

상처가 있는 사람은
같은 상처를 누군가에게 주고 싶지 않아요.

내 일, 내 이익에만 관심을 가지고
내가 모르는 남의 일에는 상관하지 않는다면 사회가 어떻게 될까요?

타인의 일에는 관심 없는 분위기가 되고
결국 타인이 내 일에도 관심이 없게 되리라 생각했어요.

나중 일을 생각해서라기보다
'사람 대 사람'으로 내 일이 아닌 남의 일도 관심을 가져보는 건 어떨지요?

최근에 '기부에 관한 설문조사'에 참여했습니다.
전화를 받은 것이 아닌 이메일 설문조사였기에 자율적으로 해도 되고, 안 해도 되는 것이었죠.

요즘 일이 늘어나는 것을 좋아하지 않는다만
좋은 목적의 설문조사였고, 무엇보다 이걸 하게 된 이유가 있습니다.

자신에게 이익이 안 된다고 단호하게 거절했던 어떤 이,
자신의 시간을 허락하지 않던 또 다른 이가 떠올랐기 때문이지요.
시간이 꽤 지났는데도 마음속 상처로 남아있어요.

나도 이 설문조사에 참여하지 않으면 그들과 같은 사람이 되는 듯했어요.

자율적인 설문조사에 참여하고 말고는 선택이지만, 그래도 하고 싶더군요.

상처가 없었다면 자율적인 설문조사에 관심 가지지 않고, 참여하지 않았을 것 같다는 생각이 들었지요.

상처가 있는 사람은 같은 상처를 가진 이를 알아보기도 하지요.
상처가 있다면 이해의 폭이 커진다는 생각이 드네요.

마음-139
노력해도 성과 없던 날도 많았다만

잠에서 깨서 일어날 때, 힘이 들 때가 꽤 있어요.
나 자신에게 만족스럽게 일을 하려다 보니 가끔은 삶이 힘들게도 느껴져요.
매일 밥 먹고, 공부하고, 일했던 내가 안쓰럽기도 해요.

시도해도 성과 없던 날도 많았다만 오늘은 이렇게 격려할게요.
'노력했어, 지난날. ^-^'

제4부
마음을 담은 이야기 (2)

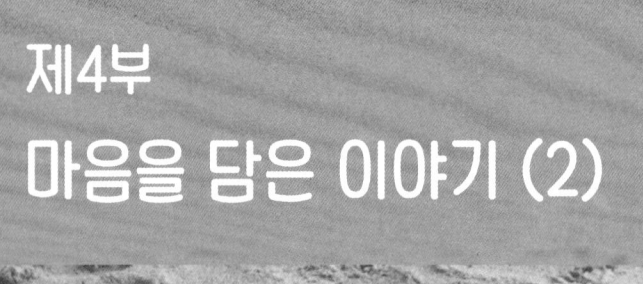

`이야기-001`

나만의 꿈을 꾸라고 했던 '신화'와 'H.O.T'의 음악

최근에도 신화, H.O.T, S.E.S, 핑클의 음악을 듣는데요.
20년 가까이 되어가는 음악을 지금 들어도 옛날 음악이라고 느껴지지 않을 정도에요.
어릴 때는 가사의 의미를 그렇게 생각하지 않고 음악을 들을 때도 있었어요.

예전 노래 가사를 잘 생각해보니
지금 들어도 공감되는 내용이 많은데요.

많은 이에게 꿈을 꾸라고 했던,
나만의 미래를 그리라고 했던 'H.O.T'와 '신화'의 음악을 이야기해볼게요.

먼저 소개할 음악은 신화의 'Yo!'입니다.
멜로디가 좋지만, 가사도 좋아요. ^-^

나만이 할 수 있는 일이 있다,
나를 어떤 틀에 맞추지 않고,
완전한 나를 이루고 싶다는 내용이 인상 깊었어요.

힘든 순간이 와도 극복하는 인간의 모습을 아름답다고 표현하고 있어요.
후회 없는 인생을 살고자, 자신만의 큰 꿈을 실현하고자 노력하며 살았으면 합니다.

두 번째로 소개할 음악은 H.O.T의 'We Are The Future'입니다.

내 세상을 내가 만들겠다는,
새로운 세상을 이룩하겠다는 말이 좋았어요.

내 삶의 주인은 나이니
누군가의 틀이 아닌 나만의 꿈을 이루고자 살아가는
청소년, 청년, 중장년, 노년이 되면 좋겠네요. ^^;;
꼭 청소년에게 해당되는 말은 아니라고 생각해봅니다.

타인의 꿈이 아닌 나만의 꿈을 마음에 품고,
자아실현을 위해 노력하고 있는데요.
위의 두 음악을 들으면 조금 더 힘내게 되고, 공감이 됩니다.

곡을 만든 유영진 님은 많은 사람이 꿈을 꾸고,
세상에 대체할 수 없는 자신의 역할을 하길 바랐다는 생각이 들더군요.

지금 들어도 참 좋은 멜로디에, 멋진 가사입니다.
이 음악을 듣고 성장한 사람들이 지금은 어떻게 되었을까요?
어떤 분야이든 꿈을 위해 달려가는 사람이 되어있으면 좋겠네요.

이야기-002
친구는 경쟁자가 아닌 협력자

최근에 공부를 하러 떠났고,
시험도 보았습니다.
몇 개 틀리냐에 따라 순위를 가르는 그런 시험이 아니라
열심히 공부해서 합격하면 되는 그런 시험이었어요.

순위를 가르는 중, 고등학교 수업도 아니고,
모두가 A 학점을 받을 수는 없는 대학교 수업도 아니다 보니
함께 합격하여 좋은 결과를 얻자는 마음에

서로 궁금한 것 물어보고,
아는 부분을 설명하며
열심히 공부하는 모습이 매우 보기 좋았습니다.

학교 다니면서 이런 모습을 본 적이 가끔 있기는 했지만
그렇게 자주는 만나지 못했어요.

그러면서 이런 생각이 들었어요.
같이 공부하는 친구가 경쟁자가 아니라 협력자라 생각하며
서로 도와주며 발전해 나가는 공부를 했더라면
좋았겠다 싶었지요.

경쟁에서 오는 스트레스가 많았기에

경쟁을 안 좋아한 사람이었습니다.

초등학교 때 했던 공부는
어렴풋하지만 즐거운 기억으로 남아있고,

중, 고등학교 공부는
스트레스를 받던 공부였지요.

대학교 공부는
더 편안하게 공부할 수 있어서 좋았고요.

어떤 측면이냐면
한, 두 개 틀려도 그렇게 자책하지 않아도 되었고 (^^;)
외우는 것보다는 이해하는 식이 많았던,
답 맞추기식이 아닌 서술형이라는 것도 좋았고요.
학과 내에서도 순위가 있었을 테지만 전 잘 알지 못했습니다.

이번에 오랜만에
같이 모여서 강의를 듣고 자율학습을 하면서
한, 두 개쯤은 틀려도 괜찮다는 마음이 들어 좋았어요.
100점 맞아야 한다고 생각하지 않아도 되고,
모든 부분을 더 열심히 보게 되진 않더라도
마음 편히 공부할 수 있다는 것은 좋더군요.

학교에서도 이렇게 공부하면 좋지 않을까요.

옆 사람보다 더 좋은 시험 결과를 얻어야 한다가 아닌
'우리 반 합격률을 높이자',
'합격률 기록을 경신하자.'
이런 목표로 서로 도와가며
부족한 사람도 함께 끌어가며 하는 공부.

이렇게 공부했더라면
다른 사람을 더 이해하고,
즐거운 학습시간이 되었을 거라 생각하며.

> 이야기-003

주인의식을 가진 직원이 많아지길 바라며

예전부터 알고 싶어서 생각했던 것인데요.
어떻게 해야 직원이 주인의식을 가지고 일할 수 있을까요?

첫 번째로 의욕적인 사원이 회사에 들어와야겠지요.
의욕적이고, 적극적인 성격을 지닌 인재는 더 주인의식을 가지고
열심히 일할 수 있으리라 생각합니다.

열정이 많고, 주인의식을 가진 직원을 만나면 저도 참 기분이 좋더군요.
^^*

두 번째로 일을 열심히 한다거나, 매출이 오르면 인센티브(성과보수)를

주는 것이죠.

적극적인 성격을 타고나지 않아도 지금 일하는 것에 따라 금전적인 보상이 주어진다면

더 열심히, 주인의식을 가지고 일할 수 있으리라 생각합니다.

어떤 보상 없이도 자신의 열정에 따라 일한다면 더 좋겠지만,

그것이 쉽지 않은 일이니까요.

세 번째로는 사장님을 사랑하고, 존경한다면 주인의식을 가지고 일할 수 있지요.

사장님이 직원 하나하나를 배려해주시고, 가족처럼 생각해주셔서

직원 모두가 주인의식을 가지고 일한다면 그것만큼 멋진 것이 있을까 싶습니다.

적극적인 성격이 아니어도, 나에게 주어지는 인센티브가 없어도

사장님을 믿고 있고, 사장님이 참 좋아서 주인의식을 가지고 일하는 직원이

우리나라에 그리고 전 세계에 많아지면 참 좋겠어요.

의욕적인 사원이 회사에 들어오고, 그에 따라 인센티브를 주고,

사장님이 잘 대우해주셔서 직원도 주인처럼 적극적으로 일한다면 더 좋겠고요. ^^

다들 아는 내용일 수 있는데요.

주인의식에 대해 생각하다 보니 이러한 것이 떠올랐습니다.

나도 나름대로 주인의식을 가지고 있다고 생각했었는데
진짜 주인이라면 '더 열심히 하겠지.'라는 생각이 들 때가 있어요.
이 블로그에서만큼 나도 주인이라는 것. 그것이 참 좋네요. ^-^

이야기-004
참 좋은 두 글자를 생각해보았어요.
이 말을 삶의 지침으로 삼아 살아간다면 좋겠어요.

두 글자 말 중에 좋은 말이 많이 있더군요.

지혜, 슬기, 진리, 혜안, 식견, 지성.
신념, 집념, 끈기, 강인, 인내, 노력.
실천, 성실, 의지, 지행, 선행, 모범.
관용, 용서, 이해, 화해, 관대.
정직, 청렴, 신뢰, 도덕, 정의.
사랑, 우정, 애정, 관심, 박애.
명망, 감탄, 경의, 대단, 위대.
봉사, 헌신, 배려, 효도.
마음, 생각, 상상, 믿음.
용기, 용감, 도전, 변화.
감동, 동감, 공감, 정감.
안락, 휴식, 편안, 평안.

제가 생각나는 것을 한 번 써보았습니다.

지행은 지식과 행동을,
봉사는 누군가를 위하여 힘을 들여 노력한다를 말하지요. 몇 가지만 잠시 이야기해보았고요. ^^

이렇게 좋은 단어를 듣기만 해도 저는 기분이 좋아지는데요.
이 모든 것을 지니고 살기는 힘들어도, 이러한 좋은 말을 삶의 지침으로 삼고 살아가다 보면
조금 더 '멋진 사람, 훌륭한 사람'이 될 수 있으리라는 생각이 드네요.

오늘의 나의 목표는 '지혜'롭게 살기.
내일의 가족 목표는 '용서'하기.
스스로 이런 지침을 정해서 살아도 좋고요.

다양한 교실 내에서 하나의 말, 혹은 세 가지 말(예를 들면 도전, 이해, 지행)을
이 주의 목표로 삼고 살아간다면 좋겠지요.
그리고 수업시간에 발표하고 싶은 이가 발표하는 시간을 가져도 좋고요.

글을 다 쓰고, 더 생각해보니
반마다 급훈, 학교에는 학훈이 있기도 하지요.
그걸 생활 속에서 실천하고, 더 관심 가지는 것도 좋겠네요.

`이야기-005`
여러분의 기도를 들어주실 겁니다.

프란치스코 교황님이
연설을 하시는데

잠깐만 보았지만
이 말을 하시는데 울컥했어요.
제가 감성적이기도 하다만.

"주님은 여러분의 기도를 들어주실 겁니다."
약간 다르게 표현했더라도 이해해주시길 바라고요.
저는 이렇게 기억해서요.

'내가 바라는 것을 이뤄주실까?'
기도하기 전부터 생각했고,
기도를 본격적으로 하고 나서도
많이 생각했었죠.

프란치스코 교황님이
그렇게 말씀하시는데
왜 이리 울컥하던지.

마치 제 마음을 아시는 듯해서
그런 말씀을 해주셔서 마음이 나아졌습니다.

저를 비롯한 많은 이의 기도를 들어주시길 바라며.

요즘 사실 기도를
평소보다 소홀히 했었는데
더 열심히 하겠습니다.

이야기-006
마음을 가다듬고 살펴보면 다른 길도 있어요.

오늘은 조금 긴 글을 쓰려고 합니다.

저는 생각했던 것보다
일이 일찍 끝나면 여유시간에 일을 더 추가하곤 합니다.

버스 출발시각까지
시간이 조금 남았다고 처리할 것을 더 하고,
시간이 여유롭다고 생각하면서 즐겁게 걸어왔어요.

버스 떠나기 전 시간인데 버스가 안 보입니다.
먼저 떠났나 봐요.
예전에도 먼저 떠날 때가 있던데.

이런. 큰일이네요.
머릿속이 아찔하고,

조금 더 서두를 걸 하는 후회가 듭니다.

이 버스가 그렇게 자주 있지는 않았는데.
항상 그 버스만 타왔는데.

마음을 가다듬고
다른 방법이 있나 보니 다행히도 다른 버스가 있네요.

조금 기다리다 다른 버스를 타고 왔고
거기서 40분 거리를 걸어왔습니다.
버스 타는 시간이 딱 맞지 않았고,
나에게 '벌'을 주고 싶은 마음에 걸어왔습니다.

그 방법,
한 가지 방법만 있다고 생각하고
다른 건 관심 가지지 않았는데
이렇게 안 좋은 순간에 괜찮은 방법이 또 있네요.

버스를 놓지지 않았다면
버스를 한 번 타고, 한 번 더 버스를 타고 그러면
목적지 근처에 도착하는데

이번에 버스를 놓쳐서
생각지 못한 다른 버스를 타고,
거기서 40분 걸어와 목적지에 도착했습니다.

더 비싼 버스지만 버스를 한 번 타서
아주 약간의 돈이 절약되고 (100원 차이입니다.)
운동 삼아 걸어오는 시간도 가질 수 있으니

어쩌면 이 선택이 나쁘지 않은,
더 괜찮은 선택이 될 수도 있겠네요.

* 오늘의 교훈을 적어봅니다.
1. 일정 여유롭다고 일 추가해서 서두르지 말자. 버스 출발시각에 더 일찍 도착하자.
2. 뭔가 아찔하다, 큰일이다 싶어도 마음을 가다듬고 다른 선택을 찾아보자.
3. 지금의 안 좋은 순간이 꼭 안 좋은 것만은 아니다. 전화위복이 될 수 있다고 여기자.

이야기-007
미래를 위해 준비하는 개미

이전 글과 같은 날 있었던 일이고요.

버스를 놓치고, 다른 버스를 기다리며 있었던 일입니다.
같이 쓰려다 내용이 길어지기도 해서
어디 넣기도 그래서 따로 적습니다.

버스를 기다리다 예정된 시간에 안 오고 지쳐서 짐을 내려놓고 바닥 위에 잠시 앉았습니다.
시간이 지나니 다리가 저리네요.

개미가 눈에 띠네요.
참으로 오랜만에 보는 개미네요.

베르나르 베르베르의 '개미',
1998년작 애니메이션 '개미',
'개미와 베짱이', '개미허리' 등 다양한 것이 떠오르네요.
(다시 한 번 작품을 보고 싶은데, 시간적 여유가 많지 않음이 늘 아쉽네요.)

그리고 초등학교 다닐 때 개미 키우는 통을 구매해서
개미를 산에서 데려와 키우다 다 죽였던 기억도 떠올랐습니다.

개미가 자신의 몸보다
몇 배나 큰 물건을 들고서 낑낑대고 걸어갑니다.

자신의 몸의 수십 배나 되는 과자 같은 물건을 여러 개미가 힘을 모아 가져가고 있습니다.
협력해서 나아가는 모습이 보기 좋네요.

개미를 바라보니 개미가 저 같아 보였습니다.
낑낑대는 모습이,
힘들어도 꿋꿋이 가는 모습이.

그리고 개미가 대단해 보입니다.
미래를 위해 준비하는 자세가, 노력하는 모습이.

미물인 개미를 보며 이렇게 느꼈습니다.
'멋지다. 멋있다. 개미야.'

(개미에게만 해당하는 말이었는데,
저도 노력하고 있으니 오늘 하루만 나도 멋있다고 해줄게요.)

오늘 하루
버스 놓치고
당황하고, 힘들었는데
개미를 보니
저도 더 부지런히 살아야겠다 싶네요.

이야기-008
돌잡이 상에서 돈을 잡아야 할까?

예쁜 아가 돌잔치에 다녀왔습니다.

돌잔치 주인공 아가도 예쁘고,
제 옆쪽에 있던 눈이 동글동글한 아가도 예뻐서 자꾸 눈이 갔습니다.

돌잡이 시간이 돌아왔습니다.
부모는 둘 다 '돈'을 잡았으면 좋겠다고 하더군요.

저는?

아가가 '붓'을 잡으면 좋겠다는 생각이 순간 들었습니다.

'붓'을 잡고 공부해서 많은 것을 깨달아
사회에 좋은 영향을 주길 바랐습니다.

우리나라에 도움이 되는 정책을 고안할 수도 있고,
세상에 긍정적인 영향을 주는 작품을 쓸 수도 있겠죠.

돈을 많이 벌지 않더라도 존경을 얻는다면
그건 돈 못지 않게 소중하니까요.

그러고 보니 펜을 들고,
무언가를 적고, 생각하며

사회, 세상에 긍정적인 영향을 주길 바라는 것은
지금 저의 삶의 지향점이네요.

제 다음 생일에 돌잡이 상 같은
상이 차려져서 돈, 붓, 마이크 등 중에서
원하는 것을 잡으라고 가정한다면

저는 '실'을 잡겠습니다.
요즘 저의 꿈은 장수입니다.
장수하고 싶어서요.

이젠 생일마다 실을 꽉 쥐어볼까 합니다.
운동하는 것이 더 중요하겠네요.

불과 몇 년 전에는 '오래 살아 뭐하나.
적당히 살다 가자.'였어요.

글을 쓰고 싶다고 결심한 이후로
마음이 바뀌어서 지금은 건강하게 오래오래 살고 싶어요. 무병장수.
^^;;

오래 살아서 여러 가지 보고, 느끼고, 생각하고,
더 많은 것을 시도해보다 가고 싶네요.

* 이젠 시대가 변했으니 돌 상에 '붓' 대신 '펜'을 놓는 것도 좋겠죠.

이야기-009
돌잡이 상에 관련된 글을 쓰고 난 뒤

돌잡이 상에 놓는 것이 다양하지 않네요.
붓 - 공부, 학습.
청진기 - 의사.
실 - 장수.
돈 - 돈.

근데 이중에서
부모가 바라는 아기의 미래가
없을 수 있겠네요.

우리 아가가
어떤 모습이 되길 바라는 것 없이
아이의 '행복'을
원하는 부모도 많이 있을 텐데요.

저도 아이의 '행복'이
가장 중요하다고 생각하고요.
'행복'을 의미하는 것이 무엇이 있을까 싶은데
저는 '꽃'을 돌잡이 상에 놓아서
그걸 '행복'으로 말하고 싶네요.

아가가 '꽃'을 잡는다면
그 아가가 행복하게 자라길 바라는.
행복한 사람으로 성장하길.

부모가 바라는 아이의 미래를 생각해
저마다 다른 돌잡이 상을 마련해도 좋겠습니다.
꼭 돌잡이 상이 같지 않아도 되잖아요.

저는 아이가
배려 있는 사람으로 성장하길 바라기에

제가 요즘 가장 좋아하는 단어도 '배려'이기에

'배려'를 담은 것도 돌잡이 상에 놓고 싶습니다.
무엇이 좋을까 하다가
'손수건'도 좋겠다 싶네요.
힘들어하는 누군가의 눈물 닦아줄 손수건.
지쳐 있는 이의 땀을 닦아줄 손수건. ^^

'배려'를 담은 것이 또 뭐가 있을까요.
'따뜻한 장갑'도 누군가의 손을 따뜻하게 해주니
그것도 괜찮다는 생각이 들고요.

'사랑'을 많이 하고,
'사랑'을 많이 주는 사람이 되길 바란다며
'사랑'이라는 글자를,
사랑하고 있는 인형을
돌잡이 상 위에 놓아도 좋겠네요.

아기가 청진기를 잡으면
일반적으로 실력 있는 의사가 되어
돈 많이 벌기를 기대하잖아요.

실력을 쌓아 남다른 의학기술을 통해
많은 이의 생명을 구하는 것도 좋고,

고 이태석 신부님처럼
의술로 사랑을 실천하다 가는 것도 참 좋겠네요.

부모님이 저마다 중요하게
생각하는 가치를 돌잡이 상에 놓으면 좋겠다 싶네요.
'봉사', '감사', '노력' 등 다양한 것을
이미지로 형상화해서요.

그리고 또 하나 생각난 건
이 모든 걸 다 담은
하나도 포기할 수 없는 부모님은

'종합선물세트' 같은 상자를 만들어
그걸 아기가 잡으면
많은 것을 이룰 수 있다 해도 좋겠네요.
상자 속에 사랑, 꽃, 돈, 실 등 다 넣으면
인기가 많겠네요.

만약 제 아가
돌잔치를 하게 되는 날이 온다면

내가 좋아하는 가치를 담은
돌잡이 상을 더 고민해볼 것이고요.

만약 아기가 '꽃'을 잡는다면

'꽃'은 행복을 의미하니까요.

아가가
행복한 사람으로 성장하도록 돕겠다고,
행복을 많이 주는 이로 자라게 하고 싶다고
말하고 싶군요.

며칠 전 글을 마무리하고,
이런 생각이 나서 또 올립니다.

이야기-010
사람이 지니지 않은 날개가 있으니

저는 함박 스테이크를 주문했습니다.

밥을 먹고 있는데
파리가 다가오네요.
자주 보는 파리입니다.

파리에게
'저리 가. 저리 가라고.'
마음속으로 말하며
손을 저었습니다.

그래도 다가오는 파리를 보며
이때까지 이런 생각이 든 적이 없었는데
오늘은 이런 생각이 들었습니다.

'이 파리는
목숨 걸고 여기까지 왔구나.
먹고 살기 참 힘들구나.'

우리는 사회생활이 힘들어도
목숨을 걸고 일하진 않잖아요.

회사에 먹고 살려고 다닌다 해도
(난 먹고 살려고 회사에 다닌다는 말을 싫어하지만요.)
때론 욕을 먹고, 상처받기도 하지만
생명의 위협은 느끼지 않으니까요.

그런데 파리는
목숨을 걸고서라도
이렇게 먹을거리를 찾아왔습니다.

사람이 손으로 가라고 해도
말도 듣지 않고
다가오는 모습을 통해
파리는
'무모함의 대명사, 용감함의 아이콘'이라는

생각이 들었습니다.

자신보다 백 배도 넘는
사람이라는 적군을 상대로
이렇게 무식하게 돌진하는 그 용기는
사람도 쉽게 가지지 못한 것이니까요.

파리를 내 마음속에
'용감함의 대명사'로 임명했습니다.

한편으로는
파리의 삶이 안타까웠어요.

사람은 힘든 순간이 올 때
'내가 어떤 죄를 지었기에 이런 시련이 있는가?'
하는데

파리도 어떤 죄를 지었기에
이렇게 사람들이 싫어하고,
쫓아내려고 하는 파리로 태어난 것인지.

파리의 용기가 대단하면서도,
안쓰럽게도 느껴지네요.

파리는 해충이니

파리의 생명은 중요하지 않다고
생각한 적도 있었는데
잠시 기절만 시키고,
놓아주는 그런 방법이 있으면 좋겠군요.

사람으로 태어난 것이 다행이고,
감사하다 싶었습니다.

며칠 후
살아가며 힘든 일도 겪고, 상처도 받으니

파리들의 세계에서는 이러한 일이 없다면
생명 걸고 먹고 사는 것이 힘들 수 있으나
파리의 삶이 인간보다 나을 수도 있겠다 싶었네요.

파리 세계는 직접 겪지 못했으니
인간과 파리 삶 중 어떤 것이 나을지는 결론을 못 내리겠고요.

자주 만나는 파리지만
오늘 여러 가지 생각을 하게 해준
파리에게 감사한 마음을 가지며

마지막으로 파리에게 하고 싶은 말을 적어보았습니다.
저는 상상하는 것을 좋아해서요.
사물 의인화를 많이 하고,

동물에게도 말을 건다는 점을 이해 바라고요.

파리에게

파리야, 너는 사람이 지니지 못한 날개를 지녔으니
그 날개로 이곳저곳 즐겁게 다녀보렴.
가족과 이웃과 친구와 재미있는 시간 보내고.

사람들이 많은 곳에는 잘 다니지 말고,
먹을거리를 찾고자 모험하지 말고
안정적인 길을 택하렴.

맛있는 것을 먹는
인간을 부러워하지는 말렴.
사람도 힘든 점이 많이 있으니.

오늘도 너의 날개로
이곳저곳 날아다니며 재미있게 살다가 가렴.

이야기-011
내가 생각하는 좋은 사람은 이렇습니다.

처음 본 사이에 '좋은 사람이다.' 싶은 생각이 들 때는
예의 있는 모습을 보았을 때였습니다.

이번에 좋은 사람은 어떤 사람일지 생각해보다 보니 많이 나오네요. 다음을 살펴보시면 되고요.

[내가 생각하는 좋은 사람]
하나. 누군가를 비난하거나, 욕하지 않는 사람.
둘. 타인에게 잔소리하지 않는 사람. 조언이 아닌 화내며 지적하면 안 되고요.
셋. 인사를 잘하는 사람. 예의 있는 사람.
넷. 좋은 것을 양보하는 사람.
다섯. 친절한 사람.
여섯. 잘 웃는 사람. ^-^
일곱. 능력이 뛰어난 것보다 인품이 좋은 사람.
여덟. 자신의 일을 열심히 하는 사람.
아홉. 사람을 사랑하는 사람.
열. 책에서 본 것을 실천하려고 하는 사람.
열하나. 화내지 않는 사람.
열둘. 같은 실수를 다시 하지 않으려고 하는 사람.
열셋. 자신에게는 엄격하나 타인에게는 관대한 사람.

자신마다 [좋은 사람의 기준]을 생각하고,
내가 그러한 사람이 되려 한다면 '좋은 사람'을 만날 수 있을 거라 기대합니다. ^^

공자가 아낀 제자로 '안회'가 있다고 해요.
"제자 가운데 누가 배우기를 좋아하느냐?"는 '애공'의 말에 공자는 '안회'

라고 대답했습니다.

공자가 가르친 제자 3천 명 가운데 안회를 꼽았다고 하니 안회가 궁금하시죠?

안회는 불천노(不遷怒)하고, 불이과(不貳過)한 사람이라고 해요.
자기에게 화나는 일이 있어도 어떤 이에게 화를 옮기지 않았고, 한 번 있었던 과실은 두 번 범하지 않았다고 합니다.
스승에게 배운 바를 실천하는 지행일치(知行一致), 지행합일(知行合一)의 삶을 살았기에 배우기를 좋아하는 제자, 호학(好學)하는 제자로 꼽았던 것이죠.

며칠 전 궁금한 내용이 있어 알아보다 위의 내용을 알게 되어 문서에 저장해두었지요.
이렇게 글로 쓰게 되어 매우 뿌듯하군요.

마무리하며 ✎

지금 현재, KBS(한국방송)가 가장 주목하는 사람은 '저'라고 생각합니다. 제가 뭘 하면 KBS(한국방송)도 같이 움직이는 듯한 건 저만의 생각일까요?

우연의 일치인지 27세, 30세 생일(2월 25일)에 KBS(한국방송) 드라마 편성표(넝쿨째 굴러온 당신-2012년 2월 25일 방영 시작, 착하지 않은 여자들-2015년 2월 25일 방영 시작)가 2번 바뀌었습니다.

지상파(KBS, SBS, MBC) 방송 3사에서
삶이 드라마로 제작된 사람은 '저'뿐이라고 생각합니다.

제일 많이 시청하는 가톨릭 평화방송(CBPC)을 보다가
새벽 4시, 5시쯤 하는 [애국가]에 전주의 전동성당이 보이더라고요.
저란 사람이 하느님을 뵙고, 체험한 듯해서 [애국가]에 전주 전동성당이 나오는 건 아닌가 싶었습니다.
생일이 2월 25일이잖아요. 가톨릭 평화방송(CPBC)에서 225가 많이 보여서 볼 때마다 반갑곤 했답니다.

제 기획서의 가치를 알아봐 주셨던 m.net, CJ E&M에도 감사드립니다. 그때는 어떻게 그런 아이디어를 생각했을까 싶을 정도네요.

2015년에 유튜브를 시청하면 유수 기업의 광고를 만날 수 있었는데요. 그것이 저를 향한 것인지 몰라도 애플, 마이크로소프트, 도요타, CJ, 삼성전자, LG전자, 현대자동차, SK텔레콤, 롯데 등 많은 기업이 저의 이름을 축하해주는 듯했습니다.

궁금한 것이 많고, 공부가 재미있던 저란 사람.
그래서 사람들에게 많은 것을 질문하곤 했고, 그것을 싫어했던 사람들이 기억나네요.

늘 노력했다만 엄청난 노력을 하지 않았고, 뛰어난 실력은 아니었음에도, 부족한 점, 결점이 많은 사람임에도 저를 빛나는, 큰 별로 세워주신 하느님 아버지께 감사드립니다.

잘 키워주신 아버지, 어머니께도 감사드립니다.
나중에 이 세상을 떠나도 2월 25일이 되면 저를 기억해주세요. ^-^*